“四好农村路”建设政策文件汇编

人民交通出版社股份有限公司
China Communications Press Co.,Ltd.

图书在版编目（CIP）数据

“四好农村路”建设政策文件汇编 / 人民交通出版社股份有限公司编. — 北京 : 人民交通出版社股份有限公司, 2018.3

ISBN 978-7-114-14563-6

Ⅰ. ①四… Ⅱ. ①人… Ⅲ. ①农村道路—道路建设—文件—汇编—中国 Ⅳ. ①F542.3

中国版本图书馆 CIP 数据核字（2018）第 032978 号

Sihao Nongcunlu Jianshe Zhengce Wenjian Huibian

书　　名：**“四好农村路”建设政策文件汇编**

著 作 者：人民交通出版社股份有限公司编

责任编辑：王　丹

责任校对：刘　芹

责任印制：张　凯

出版发行：人民交通出版社股份有限公司

地　　址：(100011)北京市朝阳区安定门外外馆斜街 3 号

网　　址：http://www.ccpress.com.cn

销售电话：(010)59757973

总 经 销：人民交通出版社股份有限公司发行部

经　　销：各地新华书店

印　　刷：北京鑫正大印刷有限公司

开　　本：787×1092　1/16

印　　张：8.25

字　　数：82 千

版　　次：2018 年 4 月　第 1 版

印　　次：2018 年 4 月　第 1 次印刷

书　　号：ISBN 978-7-114-14563-6

定　　价：32.00 元

目　　录

一、中共中央、国务院文件

二、交通运输部令

三、交通运输部文件

一、中共中央、国务院文件

1. 中共中央　国务院
关于实施乡村振兴战略的意见（摘编）

（中发〔2018〕1号）

推动农村基础设施提挡升级。继续把基础设施建设重点放在农村，加快农村公路、供水、供气、环保、电网、物流、信息、广播电视等基础设施建设，推动城乡基础设施互联互通。以示范县为载体全面推进“四好农村路”建设，加快实施通村组硬化路建设。加大成品油消费税转移支付资金用于农村公路养护力度。推进节水供水重大水利工程，实施农村饮水安全巩固提升工程。加快新一轮农村电网改造升级，制定农村通动力电规划，推进农村可再生能源开发利用。实施数字乡村战略，做好整体规划设计，加快农村地区宽带网络和第四代移动通信网络覆盖步伐，开发适应“三农”特点的信息技术、产品、应用和服务，推动远程医疗、远程教育等应用普及，弥合城乡数字鸿沟。提升气象为农服务能力。加强农村防灾减灾救灾能力建设。抓紧研究提出深化农村公共基础设施管护体制改革指导意见。

拓宽资金筹集渠道。调整完善土地出让收入使用范围，进一步提高农业农村投入比例。严格控制未利用地开垦，集中力量推进高标准农田建设。改进耕地占补平衡管理办法，建立高标准农田建设等新增耕地指标和城乡建设用地增减挂钩节余指标跨省域调剂机制，将所得收益通过支出预算全部用于巩固脱贫攻坚成果和支持实施乡村振兴战略。推广一事一议、以奖代补等方式，鼓励农民对直接受益的乡村基础设施建设投工投劳，让农民更多参与建设管护。

2. 中共中央　国务院 关于深入推进农业供给侧结构性改革 加快培育农业农村发展新动能的 若干意见（摘编）

（中发〔2017〕1号）

深入开展农村人居环境治理和美丽宜居乡村建设。加快修订村庄和集镇规划建设管理条例，大力推进县域乡村建设规划编制工作。推动建筑设计下乡，开展田园建筑示范。深入开展建好、管好、护好、运营好农村公路工作，深化农村公路管养体制改革，积极推进城乡交通运输一体化。实施农村饮水安全巩固提升工程和新一轮农村电网改造升级工程。完善农村危房改造政策，提高补助标准，集中支持建档立卡贫困户、低保户、分散供养特困人员和贫困残疾人家庭等重点对象。开展农村地区枯井、河塘、饮用水、自建房、客运和校车等方面安全隐患排查治理工作。推进光纤到村建设，加快实现4G网络农村全覆盖。推进建制村直接通邮。开展农村人居环境和美丽宜居乡村示范创建。

改革财政支农投入机制。坚持把农业农村作为财政支出的优先保障领域，确保农业农村投入适度增加，着力优化投入结构，创新使用方式，提升支农效能。固定资产投资继续向农业农村倾斜。发挥规划统筹引领作用，多层次多形式推进涉农资金整合。推进专项转移支付预算编制环节源头整合改革，探索实行“大专项＋任务清单”管理方式。创新财政资金使用方式，推广政府和社会资本合作，实行以奖代补和贴息，支持建立担保机制，鼓励地方建立风险补偿基金，撬动金融和社会资本更多投向农业农村。建立健全全国农业信贷担保体系，推进省级信贷担保机构向市县延伸，支持有条件的市县尽快建立担保机构，实现实质性运营。拓宽农业农村基础设施投融资渠道，支持社会资本以特许经营、参股控股等方式参与农林水利、农垦等项目建设运营。鼓励地方政府和社会资本设立各类农业农村发展投资基金。加大地方政府债券支持农村基础设施建设力度。在符合有关法律和规定的前提下，探索以市场化方式筹集资金，用于农业农村建设。研究制定引导和规范工商资本投资农业农村的具体意见。对各级财政支持的各类小型项目，优先安排农村集体经济组织、农民合作组织等作为建设管护主体，强化农民参与和全程监督。

3. 中共中央 国务院
关于落实发展新理念加快农业现代化
实现全面小康目标的若干意见（摘编）

（中发〔2016〕1号）

加快农村基础设施建设。把国家财政支持的基础设施建设重点放在农村，建好、管好、护好、运营好农村基础设施，实现城乡差距显著缩小。健全农村基础设施投入长效机制，促进城乡基础设施互联互通、共建共享。强化农村饮用水水源保护。实施农村饮水安全巩固提升工程。推动城镇供水设施向周边农村延伸。加快实施农村电网改造升级工程，开展农村“低电压”综合治理，发展绿色小水电。加快实现所有具备条件的乡镇和建制村通硬化路、通班车，推动一定人口规模的自然村通公路。创造条件推进城乡客运一体化。加快国有林区防火应急道路建设。将农村公路养护资金逐步纳入地方财政预算。发展农村规模化沼气。加大农村危房改造力度，统筹搞好农房抗震改造，通过贷款贴息、集中建设公租房等方式，加快解决农村困难家庭的住房安全问题。加强农村防灾减灾体系建设。研究出台创新农村基础设施投融资体制机制的政策意见。

4. 中共中央　国务院
关于加大改革创新力度
加快农业现代化建设的若干意见（摘编）

（中发〔2015〕1号）

加大农村基础设施建设力度。加快推进西部地区和集中连片特困地区农村公路建设。强化农村公路养护管理的资金投入和机制创新，切实加强农村客运和农村校车安全管理。完善农村沼气建管机制。加大农村危房改造力度，统筹搞好农房抗震改造。深入推进农村广播电视、通信等村村通工程，加快农村信息基础设施建设和宽带普及，推进信息进村入户。

推进农村金融体制改革。要主动适应农村实际、农业特点、农民需求，不断深化农村金融改革创新。综合运用财政税收、货币信贷、金融监管等政策措施，推动金融资源继续向“三农”倾斜，确保农业信贷总量持续增加、涉农贷款比例不降低。完善涉农贷款统计制度，优化涉农贷款结构。延续并完善支持农村金融发展的有关税收政策。开展信贷资产质押再贷款试点，提供更优惠的支农再贷款利率。鼓励各类商业银行创新“三农”金融服务。农业银行三农金融事业部改革试点覆盖全部县域支行。农业发展银行要在强化政策性功能定位的同时，加大对水利、贫困地区公路等农业农村基础设施建设的贷款力度，审慎发展自营性业务。国家开发银行要创新服务“三农”融资模式，进一步加大对农业农村建设的中长期信贷投放。

5. 中共中央　国务院
关于打赢脱贫攻坚战的决定（摘编）

（中发〔2015〕34 号）

加快交通、水利、电力建设。推动国家铁路网、国家高速公路网连接贫困地区的重大交通项目建设，提高国道省道技术标准，构建贫困地区外通内联的交通运输通道。大幅度增加中央投资投入中西部地区和贫困地区的铁路、公路建设，继续实施车购税对农村公路建设的专项转移政策，提高贫困地区农村公路建设补助标准，加快完成具备条件的乡镇和建制村通硬化路的建设任务，加强农村公路安全防护和危桥改造，推动一定人口规模的自然村通公路。对贫困地区农村公益性基础设施管理养护给予支持。

加大财政扶贫投入力度。发挥政府投入在扶贫开发中的主体和主导作用，积极开辟扶贫开发新的资金渠道，确保政府扶贫投入力度与脱贫攻坚任务相适应。中央财政继续加大对贫困地区的转移支付力度，中央财政专项扶贫资金规模实现较大幅度增长，一般性转移支付资金、各类涉及民生的专项转移支付资金和中央预算内投资进一步向贫困地区和贫困人口倾斜。加大中央集中彩票公益金对扶贫的支持力度。农业综合开发、农村综合改革转移支付等涉农资金要明确一定比例用于贫困村。各部门安排的各项惠民政策、项目和工程，要最大限度地向贫困地区、贫困村、贫困人口倾斜。各省（自治区、直辖市）要根据本地脱贫攻坚需要，积极调整省级财政支出结构，切实加大扶贫资金投入。从 2016 年起通过扩大中央和地方财政支出规模，增加对贫困地区水电路气网等基础设施建设和提高基本公共服务水平的投入。建立健全脱贫攻坚多规划衔接、多部门协调长效机制，整合目标相近、方向类同的涉农资金。按照权责一致原则，支持连片特困地区县和国家扶贫开发工作重点县围绕本县突出问题，以扶贫规划为引领，以重点扶贫项目为平台，把专项扶贫资金、相关涉农资金和社会帮扶资金捆绑集中使用。严格落实国家在贫困地区安排的公益性建设项目取消县级和西部连片特困地区地市级配套资金的政策，并加大中央和省级财政投资补助比重。在扶贫开发中推广政府与社会资本合作、政府购买服务等模式。

6. 中共中央　国务院
关于全面深化农村改革
加快推进农业现代化的若干意见（摘编）

（中发〔2014〕1号）

开展村庄人居环境整治。加快编制村庄规划，推行以奖促治政策，以治理垃圾、污水为重点，改善村庄人居环境。实施村内道路硬化工程，加强村内道路、供排水等公用设施的运行管护，有条件的地方建立住户付费、村集体补贴、财政补助相结合的管护经费保障制度。制定传统村落保护发展规划，抓紧把有历史文化等价值的传统村落和民居列入保护名录，切实加大投入和保护力度。提高农村饮水安全工程建设标准，加强水源地水质监测与保护，有条件的地方推进城镇供水管网向农村延伸。以西部和集中连片特困地区为重点加快农村公路建设，加强农村公路养护和安全管理，推进城乡道路客运一体化。因地制宜发展户用沼气和规模化沼气。在地震高风险区实施农村民居地震安全工程。加快农村互联网基础设施建设，推进信息进村入户。

7. 中共中央　国务院 关于加快发展现代农业进一步增强农村发展活力的若干意见（摘编）

（中发〔2013〕1号）

加强农村基础设施建设。加大公共财政对农村基础设施建设的覆盖力度，逐步建立投入保障和运行管护机制。“十二五”期间基本解决农村饮水安全问题。农村电网升级改造要注重改善农村居民用电和农业生产经营供电设施，中央投资继续支持农村水电供电区电网改造和农村水电增效扩容改造。推进西部地区、连片特困地区乡镇、建制村通沥青（水泥）路建设和东中部地区县乡公路改造、连通工程建设，加大农村公路桥梁、安保工程建设和渡口改造力度，继续推进农村乡镇客运站网建设。加快宽带网络等农村信息基础设施建设。促进农村沼气可持续发展，优化项目结构，创新管理方式，鼓励新技术研发应用。加大力度推进农村危房改造和国有林区（场）棚户区、国有垦区危房改造，加快实施游牧民定居工程和以船为家渔民上岸安居工程。健全村级公益事业一事一议财政奖补机制，积极推进公益性乡村债务清理化解试点。科学规划村庄建设，严格规划管理，合理控制建设强度，注重方便农民生产生活，保持乡村功能和特色。制定专门规划，启动专项工程，加大力度保护有历史文化价值和民族、地域元素的传统村落和民居。农村居民点迁建和村庄撤并，必须尊重农民意愿，经村民会议同意。不提倡、不鼓励在城镇规划区外拆并村庄、建设大规模的农民集中居住区，不得强制农民搬迁和上楼居住。加强山洪、地质灾害防治，加大避灾移民搬迁投入。

8. 中共中央　国务院关于加快推进农业科技创新持续增强农产品供给保障能力的若干意见（摘编）

（中发〔2012〕1号）

加强农产品流通设施建设。统筹规划全国农产品流通设施布局，加快完善覆盖城乡的农产品流通网络。推进全国性、区域性骨干农产品批发市场建设和改造，重点支持交易场所、电子结算、信息处理、检验检测等设施建设。把农产品批发市场、城市社区菜市场、乡镇集贸市场建设纳入土地利用总体规划和城乡建设规划，研究制定支持农产品加工流通设施建设的用地政策。鼓励有条件的地方通过投资入股、产权置换、公建配套、回购回租等方式，建设一批非营利性农产品批发、零售市场。继续推进粮棉油糖等大宗农产品仓储物流设施建设，支持拥有全国性经营网络的供销合作社和邮政物流、粮食流通、大型商贸企业等参与农产品批发市场、仓储物流体系的建设经营。加快发展鲜活农产品连锁配送物流中心，支持建立一体化冷链物流体系。继续加强农村公路建设和管护。扶持产地农产品收集、加工、包装、贮存等配套设施建设，重点对农民专业合作社建设初加工和贮藏设施予以补助。

9. 农村公路管理养护体制改革方案

（2005年9月29日 国办发〔2005〕49号）

农村公路（包括县道、乡道和村道，下同）是全国公路网的有机组成部分，是农村重要的公益性基础设施。改革开放以来，我国农村公路快速发展，但管理、养护滞后的问题十分突出：管理养护主体不明确、责任不落实，养护资金缺少稳定渠道、投入严重不足，养护机制缺乏活力、养护质量不高等，直接影响农村公路正常使用、行车安全和长远发展。为加强农村公路的管理和养护，确保公路完好畅通，更好地为农村经济社会发展服务，现就改革农村公路管理养护体制提出以下方案：

一、改革的指导思想和目标

农村公路管理养护体制改革的指导思想是：以“三个代表”重要思想为指导，全面贯彻落实科学发展观，按照加强政府公共服务职能的要求，坚持农村公路建设、管理、养护并重的原则，明确各级政府对农村公路管理养护的责任，强化各级交通主管部门的管理养护职能，建立健全以政府投入为主的稳定的养护资金渠道，加快公路养护市场化进程，促进农村公路持续健康发展。

农村公路管理养护体制改革的目标是：力争用三年左右的时间，基本建立符合我国农村实际和社会主义市场经济要求的农村公路管理养护体制和运行机制，保障农村公路的日常养护和正常使用，实现农村公路管理养护的正常化和规范化。

二、明确职责，建立健全以县为主的农村公路管理养护体制

农村公路原则上以县级人民政府为主负责管理养护工作，省级人民政府主要负责组织筹集农村公路养护资金，监督农村公路管理养护工作。各省、自治区、直辖市人民政府可结合当地实际，对有关地方政府及其交通主管部门管理养护农村公路的具体职责作出规定。

（一）省级人民政府交通主管部门负责制订本地区农村公路建设规划，编制下达农村公路养护计划，监督检查养护计划执行情况和养护质量，统筹安排和监管农村公路养护资金，指导、监督农村公路管理工作。

（二）县级人民政府是本地区农村公路管理养护的责任主体，其交通主管部门具体负责管理养护工作。主要职责是：负责组织实施农村公路建设规划，编制农村公路养护建议性计划，筹集和管理农村公路养护资金，监督公路管理机构的管理养护工作，检查养护质量，组织协调乡镇人民政府做好农村公路及其设施的保护工作。

（三）县级人民政府交通主管部门所属的公路管理机构具体承担农村公路的日常管理和养护工作，拟订公路养护建议计划并按照批准的计划组织实施，组织养护工程的招投标和发包工作，对养护质量进行检查验收，负责公路路政管理

和路权路产保护。县级人民政府交通主管部门没有设立专门的公路管理机构的，可委托省级或市级公路管理机构的派出（直属）机构承担具体管理工作，不宜另设机构。

（四）乡镇人民政府有关农村公路管理、养护、保护以及养护资金筹措等方面的具体职责，由县级人民政府结合当地实际确定。经济条件比较好的乡镇要积极投入力量，共同做好农村公路管理养护工作。

三、建立稳定的农村公路养护资金渠道，加强资金使用管理

（一）公路养路费（包括汽车养路费、拖拉机养路费和摩托车养路费）应主要用于公路养护，首先保证公路达到规定的养护质量标准，并确保一定比例用于农村公路养护，如有节余，再安排公路建设。具体按以下原则掌握：

一是公路养路费总收入（扣除合理的征收成本及交警费用）用于公路养护（含大中修、小修保养及其他管理养护）的资金比例不得低于80%。要采取有效措施降低人员经费支出，缓解公路养护资金紧张状况。

二是省级人民政府交通主管部门每年在统筹安排汽车养路费时，用于农村公路养护工程的资金水平不得低于以下标准：县道每年每公里7000元，乡道每年每公里3500元，村道每年每公里1000元。目前实际高于上述标准的，要维持现标准，不得降低。市、县交通主管部门征收的拖拉机养路费、摩托车养路费实行收支两条线管理，原则上全部用于农村公路养护，由省级人民政府交通主管部门核定用于农村公

路养护的基数。

（二）地方各级人民政府应根据农村公路养护的实际需要，统筹本级财政预算，安排必要的财政资金，保证农村公路正常养护。对一些特殊困难地区，中央财政要加大转移支付力度，增强这些地区的财政保障能力。随着农村公路里程的增加和地方财力的增长，用于农村公路养护的财政资金要逐步增加。

（三）加强农村公路养护资金的管理和监督。农村公路养护资金统一由省级人民政府交通主管部门根据农村公路养护计划，综合平衡，统筹安排，专款专用。除市、县两级财政资金和拖拉机养路费、摩托车养路费外，其余资金全部由省级人民政府交通主管部门根据农村公路养护计划拨付县级人民政府交通主管部门；市、县两级财政资金由相应的财政部门拨付县级人民政府交通主管部门；农村公路养护资金纳入国库集中支付改革范围的，按照国库集中支付的有关规定办理。县级农村公路养护专项资金由县级人民政府交通主管部门按养护计划用于辖区内农村公路的养护，接受财政部门的监管。审计部门要定期对农村公路养护资金使用情况进行审计。

四、实行管养分离，推进公路养护市场化

（一）在对公路管理机构科学定岗和核定管理人员的基础上，逐步剥离各级交通主管部门及其公路管理机构中的养护工程单位，将直接从事大中修等养护工程的人员和相关资产进行重组，成立公路养护公司，通过招投标方式获得公路

养护权。公路养护公司实行自负盈亏，与职工依法签订劳动合同，按企业用工制度进行管理。

（二）所有等级公路的大中修等养护工程向社会开放，逐步采取向社会公开招投标的方式，择优选定养护作业单位，鼓励具备资质条件的公路养护公司跨地区参与公路养护工程竞争。逐步取消养护包干费，全面实行养护工程费制度，养护工程费由公路管理机构按照养护定额和养护工程量核定，依照养护合同拨付，充分发挥资金使用效益。对等级较低、自然条件特殊等难以通过市场化运作进行养护作业的农村公路，可实行干线支线搭配，建设、改造和养护一体化招标，也可以采取个人（农户）分段承包等方式进行养护。

五、完善配套措施，确保改革平稳进行

（一）抓紧制订和完善农村公路养护技术政策、技术规范和养护管理办法。交通部要针对农村公路管理养护的特点和规律，研究制订指导性意见。省级人民政府交通主管部门要对本地区农村公路养护成本进行测算，建立公路养护数据库，制订符合本地实际的农村公路管理养护制度、技术规范、养护定额、质量评定标准和验收标准。市、县交通主管部门也要建立相应的数据库，制订具体的管理制度和办法。

（二）加强组织领导和政策指导。各省、自治区、直辖市人民政府要加强对本地区农村公路管理养护体制改革工作的领导，按照改革的总体要求和基本原则，紧密结合当地实际，制订具体的实施方案，并报交通部、发展改革委备案。

交通部、发展改革委要加强对各地改革工作的指导，地方各级交通主管部门和公路管理机构要认真组织落实改革方案，并做好职工的思想政治工作，确保改革的顺利进行。

10. 国务院办公厅关于改善农村人居环境的指导意见

（2014年5月16日 国办发〔2014〕25号）

近年来，各地区、各部门认真贯彻落实党中央和国务院的决策部署，推进农村基础设施建设和城乡基本公共服务均等化，农村人居环境逐步得到改善。但也要看到，目前我国农村人居环境总体水平仍然较低，在居住条件、公共设施和环境卫生等方面与全面建成小康社会的目标要求还有较大差距。为进一步改善农村人居环境，经国务院同意，现提出以下意见：

一、总体要求

（一）指导思想。以邓小平理论、“三个代表”重要思想、科学发展观为指导，深入学习领会党的十八大和十八届二中、三中全会精神，贯彻落实党中央和国务院的各项决策部署，按照全面建成小康社会和建设社会主义新农村的总体要求，以保障农民基本生活条件为底线，以村庄环境整治为重点，以建设宜居村庄为导向，从实际出发，循序渐进，通过长期艰苦努力，全面改善农村生产生活条件。

（二）基本原则。

——因地制宜、分类指导。按照改善农村人居环境的总体要求，根据各地经济社会发展实际，科学确定不同地区的具体目标、重点、方法和标准。充分发挥地方自主性和创造性，防止生搬硬套和“一刀切”。

——量力而行、循序渐进。按照农村人居环境治理的阶段性规律，立足现有条件和财力可能，区分轻重缓急，优先安排保障农民基本生活条件的项目，有序推进农村人居环境治理，防止大拆大建。

——城乡统筹、突出特色。逐步实现城乡基本公共服务均等化，推进城乡互补，协调发展。慎砍树、禁挖山、不填湖、少拆房，保护乡情美景，弘扬传统文化，突出农村特色和田园风貌。

——坚持农民主体地位。尊重农民意愿，方便生产生活，与促进农民创业就业和增收相结合，不搞形象工程。广泛动员农民参与项目组织实施，保障农民决策权、参与权和监督权，防止政府大包大揽，不得强制或变相摊派，增加农民负担。

（三）目标任务。到2020年，全国农村居民住房、饮水和出行等基本生活条件明显改善，人居环境基本实现干净、整洁、便捷，建成一批各具特色的美丽宜居村庄。

二、规划先行，分类指导农村人居环境治理

（一）加快编制村庄规划。编制和完善县域村镇体系规划，根据镇、村人口变化等情况，科学论证，明确重点镇和一般镇、中心村和一般村的布局；合理确定基础设施和公共服务设施的项目与建设标准，明确不同区位、不同类型村庄人居环境改善的重点和时序。依据县域村镇体系规划，加快编制建设活动较多以及需要加强保护村庄的规划。

（二）提高村庄规划可实施性。村庄规划要符合农村实际，满足农民需求，体现乡村特色。规划编制要深入实地调查，坚持问题导向，保障农民参与，并做好与土地利用总体规划等规划的衔接，防止强行拆并村庄。规划内容要明确公共项目的实施方案，提出加强村民建房质量和风貌管控的要求；充分结合发展现代农业的需要，合理区分生产生活区域，统筹安排生产性基础设施。规划成果要通俗易懂，主要项目要达到可实施的深度，相关要求可纳入村规民约。

（三）合理确定整治重点。根据不同村庄人居环境现状，规划编制要兼顾中长期发展需要，分类确定整治重点，分步实施。基本生活条件尚未完善的村庄要以水电路气房等基础设施建设为重点，基本生活条件比较完善的村庄要以环境整治为重点，全面提升人居环境质量。

三、突出重点，循序渐进改善农村人居环境

（一）全力保障基本生活条件。加快推进农村危房改造，到 2020 年基本完成现有危房改造任务，建立健全农村基本住房安全保障长效机制。加强农房建设质量安全监管，做好农村建筑工匠培训和管理，落实农房抗震安全基本要求，提升农房节能性能。继续推进农村饮水安全工程，因地制宜推行城乡区域供水，完成全国农村饮水安全工程“十二五”规划任务。实施村内道路硬化工程，基本解决村民行路难问题。大力推进水电新农村电气化县建设，实施新一轮农村电网升级改造工程，促进可再生能源供电，全面解决不通电农村居民用电问题。加强地质灾害防治，完善消防、防洪等防

灾减灾设施。

（二）大力开展村庄环境整治。加快农村环境综合整治，重点治理农村垃圾和污水。推行县域农村垃圾和污水治理的统一规划、统一建设、统一管理，有条件的地方推进城镇垃圾污水处理设施和服务向农村延伸。建立村庄保洁制度，推行垃圾就地分类减量和资源回收利用。深入开展全国城乡环境卫生整洁行动。交通便利且转运距离较近的村庄，生活垃圾可按照“户分类、村收集、镇转运、县处理”的方式处理；其他村庄的生活垃圾可通过适当方式就近处理。离城镇较远且人口较多的村庄，可建设村级污水集中处理设施，人口较少的村庄可建设户用污水处理设施。大力开展生态清洁型小流域建设，整乡整村推进农村河道综合治理。

推进规模化畜禽养殖区和居民生活区的科学分离，引导养殖业规模化发展，支持规模化养殖场畜禽粪污综合治理与利用。引导农民开展秸秆还田和秸秆养畜，支持秸秆能源化利用设施建设。逐步建立农村病死动物无害化收集和处理系统，加快无害化处理场所建设。合理处置农药包装物、农膜等废弃物，加快废弃物回收设施建设。推进农村清洁工程，因地制宜发展规模化沼气和户用沼气。推动农村家庭改厕，全面完成无害化卫生厕所改造任务。考虑种养大户等新型农业经营主体规模化生产需求，统筹建设晾晒场、农机棚等生产性公用设施，整治占用乡村道路晾晒、堆放等现象。

积极稳妥推进农村土地整治，节约集约使用土地。加强村庄公共空间整治，清理乱堆乱放，拆除私搭乱建，疏浚坑塘河道，推进村庄公共照明设施建设。统筹利用闲置土地、现有房屋及设施等，改造、建设村庄公共活动场所。

（三）稳步推进宜居乡村建设。加强对村域的规划管理，保持村庄整体风貌与自然环境相协调。结合水土保持等工程，保护和修复自然景观与田园景观。开展农房及院落风貌整治和村庄绿化美化，保护和修复水塘、沟渠等乡村设施。发展休闲农业、乡村旅游、文化创意等产业。制定传统村落保护发展规划，完善历史文化名村、传统村落和民居名录，建立健全保护和监管机制。继续实施“宽带中国”战略，加快农村互联网基础设施建设，推进宽带网络全面覆盖。利用小城镇基础设施以及商业服务设施，整体带动提升农村人居环境质量。

四、完善机制，持续推进农村人居环境改善

（一）创新投入方式。建立政府主导、村民参与、社会支持的投入机制。中央政府投资要重点向中西部和贫困地区倾斜。以县级为主加强涉农资金整合，做到渠道不乱、用途不变、统筹安排、形成合力。完善村级公益事业建设一事一议财政奖补机制，调动农民参与农村人居环境建设的积极性；建立引导激励机制，鼓励社会资本参与建设。推动政府通过委托、承包、采购等方式向社会购买村庄规划建设、垃圾收运处理、污水处理、河道管护等公共服务。

（二）建立管护长效机制。建立村庄道路、供排水、垃圾和污水处理、沼气、河道等公用设施的长效管护制度，逐步实现城乡管理一体化。培育市场化的专业管护队伍，提高管护人员素质。加强基层管理能力建设，逐步将村镇规划建

设、环境保护、河道管护等管理责任落实到人。

（三）强化农民主体地位。建立农村人居环境治理自下而上的民主决策机制，以多数群众的共同需求为导向，推行村内事“村民议村民定、村民建村民管”的实施机制。发挥村务监督委员会、村民理事会等村民组织的作用，引导村民全过程参与项目规划、建设、管理和监督。完善村务公开制度，推行项目公开、合同公开、投资额公开，接受村民监督和评议。

（四）加强组织领导。各地区、各部门要充分认识改善农村人居环境的重要意义，切实加强对有关工作的组织领导。省级人民政府对本地区改善农村人居环境工作负总责，要科学编制规划，建立部门联动、分工明确的协调推进机制，统筹安排年度建设任务，规划及年度工作情况要及时报住房城乡建设部、环境保护部、农业部备案。各有关部门要认真履行职责，强化协调配合，加强对各地改善农村人居环境工作的指导。住房城乡建设部、环境保护部、农业部要组织开展监督检查，研究建立农村人居环境统计和评价机制，工作进展情况及时报告国务院。

11. 国务院办公厅关于实施公路安全生命防护工程的意见

（2014 年 11 月 3 日　国办发〔2014〕55 号）

“十五”时期以来，全国在普通国省干线公路上实施了公路安全保障工程，有效改善了公路行车安全条件。但是，我国幅员辽阔，公路点多、线长、面广，各地交通环境差异较大，部分公路尤其是农村公路安全隐患仍比较突出，道路交通事故易发多发。为适应工业化、城镇化和农业现代化快速发展要求，全面提升公路安全水平，切实维护人民群众生命财产安全，国务院同意在全国实施公路安全生命防护工程。经国务院批准，现提出以下意见：

一、总体要求

（一）指导思想。深入贯彻党的十八大和十八届三中、四中全会精神，落实国务院的决策部署，牢固树立以人为本、安全发展的理念，坚守发展决不能以牺牲人的生命为代价的红线意识，以防事故、保安全、保畅通为目标，以落实安全生产责任为主线，以加强基层基础建设为抓手，坚持公路建设、管理、养护、安全并举，紧紧抓住农村公路这一工作重心，按照“消除存量、不添增量、动态排查”方针，大力整治公路安全隐患，不断完善安全设施，依法强化综合治理，全面提升公路安全水平，促进全国道路交通安全形势持续稳定好转。

（二）基本原则。坚持突出重点、分步实施，着力整治事故多发易发路段隐患，满足公众安全出行基本需要。坚持属地管理、分级负责，落实地方各级政府的主体责任，加强中央部门的政策指导和资金支持。坚持政府主导、社会参与，切实加大公共财政的投入保障，同时注重发挥市场机制的作用。坚持依法治安、综合治理，严厉打击车辆超限超载违法运输等破坏损害公路设施行为，着力解决影响和制约道路交通安全的源头性、根本性问题，夯实道路交通安全基础。

（三）工作目标。

——2015 年底前，全面完成公路安全隐患的排查和治理规划工作，健全完善严查车辆超限超载的部门联合协作机制，并率先完成通行客运班线和接送学生车辆集中的农村公路急弯陡坡、临水临崖等重点路段约 3 万公里的安全隐患治理。

——2017 年底前，全面完成急弯陡坡、临水临崖等重点路段约 6.5 万公里农村公路的安全隐患治理。

——2020 年底前，基本完成乡道及以上行政等级公路安全隐患治理，实现农村公路交通安全基础设施明显改善、安全防护水平显著提高，公路交通安全综合治理能力全面提升。

二、全面排查治理现有公路安全隐患

（四）全面总结普通公路安全保障工程实施经验，吸收近年来相关标准规范和国内外公路安全隐患治理研究成果，进一步提高公路安全隐患防治水平，抓紧制定《公路安全生命防护工程实施技术指南》。鼓励各地区结合当地实际，制订修订更高要求的公路隐患治理标准并组织实施。

（五）2015 年 6 月底前，各地区要按照《公路安全生命防护工程实施技术指南》，组织力量集中对所有公路进行全面排查，摸清公路安全隐患底数，建立隐患基础台账。要根据公路等级、交通流量、交通事故等情况，坚持动态排查、定期复查。

（六）各地区对排查出的安全隐患要列入治理计划，将隐患按照严重程度区分轻重缓急，实行省、市、县三级政府挂牌督办制度，逐一落实责任单位和责任人，落实治理资金，确定治理方案，明确治理时限。对 2015 年底和 2017 年底前要求完成安全隐患治理的重点路段，要按照《公路安全生命防护工程实施技术指南》，做到重点治理、保障到位。

（七）要根据公路状况、事故特征、交通流量等实际，科学判断改造需求，制定切实可行的工程改造方案，注重整条路线的规模效益，科学有序组织实施。安全隐患治理完成后，要按程序组织工程验收，确保隐患整改符合要求。对列入政府挂牌督办的安全隐患，在隐患治理完成后要组织开展治理效果评估，治理效果达不到规定要求的，要继续挂牌督办。对隐患整治不到位的农村公路，不得开通客运班线和校车。已开通的，在隐患整治到位之前要对线路进行调整；因客观条件无法调整的，应当暂停营运。

（八）地方各级人民政府要将公路安全设施维护纳入养

护工程范畴，根据安全设施的使用年限定期进行维护更新。安全性能不适应新情况的，应结合公路安全隐患治理规划及时升级改造；安全设施遭到损毁的，要及时进行修复，确保公路及其附属设施处于良好的技术状况。要加大部门联合整治力度，严厉打击、惩治偷盗公路安全设施的违法行为。

三、严格规范公路工程安全设施建设

（九）整合现有标准规定，吸收各地区经验做法，修订完善公路安全设施标准。建立公路工程技术标准的动态发展工作机制，根据经济发展和实际情况不断修订完善标准。着重研究修订低等级公路技术标准，结合农村、山区实际情况，确定线形指标及安全设施设置等相关技术要求，提高技术标准的针对性和实用性。

（十）新建、改建、扩建省级及以上公路时，公路建设投资应按有关要求，认真测算并计列安全设施，审批部门要进行必要的审核，监管部门要加强监督管理，确保安全设施投资足额到位并同步建成。地方各级人民政府要保障农村公路安全设施建设投资，确保新建农村公路符合相关技术标准要求。上级人民政府要加强对下级人民政府保障农村公路安全设施建设投资的监督，确保不形成新的安全隐患。

（十一）各级发展改革部门和交通运输部门要严格落实安全生产“三同时”制度，新建、改建、扩建公路建设项目必须充分考虑安全设施建设，切实做到同时设计、同时施工、同时投入使用。公路工程建设单位在编制项目可行性研究报告时，应充分考虑安全性，制定安全专篇。设计单位应严格依据可行性研究报告进行设计，落实安全对策措施；对技术标准中的非强制性指标，应在确保安全的基础上经过综合论证后确定，避免因过多使用指标下限造成安全隐患。

（十二）公路安全设施建设必须符合有关工程技术标准和合同约定的要求，鼓励采用标准化结构、标准化施工，严格执行基本建设程序，不得随意降低标准、更改设计方案，保证公路安全设施齐全有效。各地区要进一步健全公路工程交工验收制度，严格按照公路工程管理权限吸收相应层级的公安交通管理、安全监管等部门人员参加，将安全设施作为验收重要内容，验收不合格的，不得交付使用、通车运行。

四、切实加大资金投入保障力度

（十三）经营性收费公路的安全设施完善资金由收费企业承担。地方各级人民政府及相关部门要督促收费企业整治安全隐患，加强对治理计划和实施进度的监督检查。

（十四）普通国省干线公路安全设施完善资金通过现有资金渠道予以保障。农村公路安全设施完善资金由县级人民政府财政预算内资金给予保障，省级财政要根据地方实际进行补助，中央财政通过车辆购置税等多种渠道安排资金投入，支持县级人民政府开展农村公路安全隐患治理工作。

（十五）各地区、各有关部门要引导和鼓励汽车制造、公路建设和公路运输、保险等相关行业企业积极参与公路安全设施建设，鼓励社会各界捐赠资金，按照相关规定和市场化原则探索引入保险资金，拓宽公路安全设施建设资金来源渠道。

五、大力推进公路安全综合治理

（十六）积极推动新技术和信息化手段的应用，不断投入交通技术监控等管理设备，在急弯陡坡、临水临崖等重点路段已完善公路安全防护设施的基础上，进一步完善交通管理设施。在货物运输主通道、重要桥梁入口处、高速公路入口处等公路网的重要路段和节点，设立公路超限检测站或设置动（静）态监测等技术设备，加强车辆超限超载情况监测。实行货运车辆在高速公路入口称重，全面禁止超限超载违法运输车辆进入高速公路，探索利用计重收费等检测数据加强治超执法管理。

（十七）进一步加强车辆生产、销售、登记、检验、营运准入等环节的监管，严厉打击非法生产、非法改装车辆的行为，严格追究非法生产、改装企业责任，坚决杜绝非法生产和改装车辆出厂上路。对在用非法生产、改装的车辆要强制予以整改，对非法拼装的车辆要强制拆解。对大件运输专用车辆违规从事普通货物运输的，要坚决予以纠正。抓紧清理、修订并逐步提高机动车安全技术标准，督促生产企业改进车辆安全技术性能，加快落实公路货运车辆安装限载装置制度。

（十八）加快建立客货运驾驶人从业信息、交通违法信息、交通事故信息的共享机制，设立驾驶人“黑名单”制度。研究统一货车超限超载认定标准，严格落实违法超载驾驶人记分制度，积极推广重点货运源头运政人员巡查和派驻制度，坚决遏制货车超限超载违法运输。制定并落实治超责任追究办法，严肃追究货运源头、车辆生产或改装源头和监管源头相关单位、部门及企业的责任。加大对超限超载违法运输车辆驾驶人、车辆所有人、运营管理者及货物托运人的处罚，研究推动将车辆超限超载违法运输行为列入以危险方法危害公共安全行为，追究有关人员刑事责任。

六、进一步加强组织领导和责任落实

（十九）各省（区、市）人民政府对本地区公路安全生命防护工程工作负总责，要加强组织领导，指导市（地）、县（市）人民政府严格执行相关技术标准要求，落实工程建设资金，有序组织实施。要加强督促检查，注重总结经验，优化审批程序，切实做好项目前期、工程质量监督、项目资金管理、工程验收和养护管理等工作，把公路安全生命防护工程建成平安工程、放心工程、廉洁工程。

（二十）各省（区、市）人民政府要结合实际，科学编制本地区公路安全生命防护工程建设规划，统筹安排年度建设任务，确保将农村公路急弯陡坡、临水临崖等重点路段隐患整治低限指标落实到位，同时鼓励有条件的地区将工程规划建设向村道延伸。要尽快明确 2015 年工程建设任务、投资计划、资金来源渠道等。各市（地）、县（市）人民政府要按照规划因地制宜编制年度实施计划，落实具体项目，并将计划和项目开竣工等情况及时向社会公布。

（二十一）地方各级人民政府要坚持依法严管、标本兼治，强化立足源头、长效治理，综合运用法律、行政、经济、技术等多种手段，加强车辆超限超载治理工作。公安交通管理部门和公路路政执法部门要形成合力，加大路面执法力度，集中开展治超专项行动，严查车辆超限超载违法运输行为。要重点整治非法改装车辆、货物源头装载、营运驾驶员管理等关键环节，从源头上遏制车辆超限超载违法运输。

（二十二）地方各级人民政府要把公路安全生命防护工程列入重要议事日程，纳入政府绩效考核，考核结果作为领导班子和领导干部综合考核评价的重要内容。国务院有关部门要建立约谈和问责机制，对没有完成年度目标任务或者安全隐患整治不符合要求，并由此导致重大人员伤亡和财产损失的，要严格开展责任倒查，依法依规严肃追究行政领导和相关责任人的责任。同时，要限期进行整改，整改到位前暂停该地区新建道路项目的审批。

12. 国务院办公厅关于创新农村基础设施投融资体制机制的指导意见

（2017年2月6日　国办发〔2017〕17号）

农村基础设施是社会主义新农村建设的重要内容，是农村经济社会发展的重要支撑。近年来，我国农村道路、供水、污水垃圾处理、供电、电信等基础设施建设步伐不断加快，生产生活条件逐步改善，但由于历史欠账较多、资金投入不足、融资渠道不畅等原因，农村基础设施总体上仍比较薄弱，与全面建成小康社会的要求还有较大差距。为创新农村基础设施投融资体制机制，加快农村基础设施建设步伐，经国务院同意，现提出以下意见。

一、总体要求

（一）指导思想。全面贯彻党的十八大和十八届三中、四中、五中、六中全会精神，深入贯彻习近平总书记系列重要讲话精神和治国理政新理念新思想新战略，认真落实党中央、国务院决策部署，统筹推进“五位一体”总体布局和协调推进“四个全面”战略布局，牢固树立和贯彻落实创新、协调、绿色、开放、共享的发展理念，以加快补齐农村基础设施短板、推进城乡发展一体化为目标，以创新投融资体制机制为突破口，明确各级政府事权和投入责任，拓宽投融资渠道，优化投融资模式，加大建设投入，完善管护机制，全面提高农村基础设施建设和管理水平。

（二）基本原则。

政府主导、社会参与。明确农村基础设施的公共产品定位，强化政府投入和主导责任，加强城乡基础设施统筹规划，加大政策支持力度。破除体制机制障碍，引导和鼓励社会资本投向农村基础设施领域，提高建设和管护市场化、专业化程度。

农民受益、民主决策。发挥农民作为农村基础设施直接受益主体的作用，引导农民和农村集体经济组织积极参与项目建设和管理，推动决策民主化，保障农民知情权、参与权和监督权。

因地制宜、分类施策。充分发挥地方政府和投资主体的积极性，探索适合不同地区、不同基础设施特点的投融资机制。兼顾公平与效率，实施差别化投融资政策，加大对贫困地区的支持力度。

建管并重、统筹推进。坚持先建机制、后建工程，合理确定农村基础设施投融资模式和运行方式。推进投融资体制机制创新与建设管护机制创新、农村集体产权制度改革等有机结合，实现可持续发展。

（三）主要目标。到2020年，主体多元、充满活力的投融资体制基本形成，市场运作、专业高效的建管机制逐步建立，城乡基础设施建设管理一体化水平明显提高，农村基础设施条件明显改善，美丽宜居乡村建设取得明显进展，广大农民共享改革发展成果的获得感进一步增强。

二、构建多元化投融资新格局，健全投入长效机制

（四）健全分级分类投入体制。明确各级政府事权和投入责任，构建事权清晰、权责一致、中央支持、省级统筹、县级负责的农村基础设施投入体系。对农村道路等没有收益的基础设施，建设投入以政府为主，鼓励社会资本和农民参与。对农村供水、污水垃圾处理等有一定收益的基础设施，建设投入以政府和社会资本为主，积极引导农民投入。对农村供电、电信等以经营性为主的基础设施，建设投入以企业为主，政府对贫困地区和重点区域给予补助。（国家发展改革委、财政部牵头负责）

（五）完善财政投入稳定增长机制。优先保障财政对农业农村的投入，相应支出列入各级财政预算，坚持把农业农村作为国家固定资产投资的重点领域，确保力度不减弱、总量有增加。统筹政府土地出让收益等各类资金，支持农村基础设施建设。支持地方政府以规划为依据，整合不同渠道下达但建设内容相近的资金，形成合力。（财政部、国家发展改革委牵头负责）

（六）创新政府投资支持方式。发挥政府投资的引导和撬动作用，采取直接投资、投资补助、资本金注入、财政贴息、以奖代补、先建后补、无偿提供建筑材料等多种方式支持农村基础设施建设。鼓励地方政府和社会资本设立农村基础设施建设投资基金。建立规范的地方政府举债融资机制，推动地方融资平台转型改制和市场化融资，重点向农村基础设施建设倾斜。允许地方政府发行一般债券支持农村道路建

设，发行专项债券支持农村供水、污水垃圾处理设施建设，探索发行县级农村基础设施建设项目集合债。支持符合条件的企业发行企业债券，用于农村供电、电信设施建设。鼓励地方政府通过财政拨款、特许或委托经营等渠道筹措资金，设立不向社会征收的政府性农村基础设施维修养护基金。鼓励有条件的地区将农村基础设施与产业、园区、乡村旅游等进行捆绑，实行一体化开发和建设，实现相互促进、互利共赢。（国家发展改革委、财政部、人民银行、银监会、证监会等负责）

（七）建立政府和社会资本合作机制。支持各地通过政府和社会资本合作模式，引导社会资本投向农村基础设施领域。鼓励按照“公益性项目、市场化运作”理念，大力推进政府购买服务，创新农村基础设施建设和运营模式。支持地方政府将农村基础设施项目整体打包，提高收益能力，并建立运营补偿机制，保障社会资本获得合理投资回报。对农村基础设施项目在用电、用地等方面优先保障。（国家发展改革委、财政部、工业和信息化部、国土资源部、住房城乡建设部、水利部、农业部、国家林业局、国家能源局等负责）

（八）充分调动农民参与积极性。尊重农民主体地位，加强宣传教育，发挥其在农村基础设施决策、投入、建设、管护等方面作用。完善村民一事一议制度，合理确定筹资筹劳限额，加大财政奖补力度。鼓励农民和农村集体经济组织自主筹资筹劳开展村内基础设施建设。推行农村基础设施建设项目公示制度，发挥村民理事会、新型农业经营主体等监督作用。（农业部、水利部、国家林业局、民政部、住房城

乡建设部等负责）

（九）加大金融支持力度。政策性银行和开发性金融机构要结合各自职能定位和业务范围，强化对农村基础设施建设的支持。鼓励商业银行加大农村基础设施信贷投放力度，改善农村金融服务。发挥农业银行面向三农、商业运作的优势，加大对农村基础设施的支持力度。支持银行业金融机构开展收费权、特许经营权等担保创新类贷款业务。完善涉农贷款财政奖励补助政策，支持收益较好、能够市场化运作的农村基础设施重点项目开展股权和债权融资。建立并规范发展融资担保、保险等多种形式的增信机制，提高各类投资建设主体的融资能力。加快推进农村信用体系建设。鼓励利用国际金融组织和外国政府贷款建设农村基础设施。（人民银行、银监会、证监会、保监会、国家发展改革委、财政部、农业发展银行、开发银行、农业银行等负责）

（十）强化国有企业社会责任。切实发挥输配电企业、基础电信运营企业的主体作用，加大对农村电网改造升级、电信设施建设的投入力度。鼓励其他领域的国有企业拓展农村基础设施建设业务，支持中央企业和地方国有企业通过帮扶援建等方式参与农村基础设施建设。（国务院国资委、国家发展改革委、财政部、工业和信息化部、国家能源局等负责）

（十一）引导社会各界积极援建。鼓励企业、社会组织、个人通过捐资捐物、结对帮扶、包村包项目等形式，支持农村基础设施建设和运行管护。引导国内外机构、基金会、社会团体和各界人士依托公益捐助平台，为农村基础设施建设筹资筹物。落实企业和个人公益性捐赠所得税税前扣除政策。进一步推进东西部扶贫协作，支持贫困地区农村基础设施建设。（民政部、财政部、税务总局、国家发展改革委、国务院扶贫办等负责）

三、完善建设管护机制，保障工程长期发挥效益

（十二）完善农村公路建设养护机制。将农村公路建设、养护、管理机构运行经费及人员基本支出纳入一般公共财政预算。推广“建养一体化”模式，通过政府购买服务等方式，引入专业企业、社会资本建设和养护农村公路。鼓励采取出让公路冠名权、广告权、相关资源开发权等方式，筹资建设和养护农村公路。结合物价上涨、里程增加、等级提升等因素，合理确定农村公路养护资金补助标准。（交通运输部、财政部、国家发展改革委等负责）

（十三）加快农村供水设施产权制度改革。以政府投入为主兴建、规模较大的农村集中供水基础设施，由县级人民政府或其授权部门根据国家有关规定确定产权归属；以政府投入为主兴建、规模较小的农村供水基础设施，资产交由农村集体经济组织或农民用水合作组织所有；单户或联户农村供水基础设施，国家补助资金所形成的资产归受益农户所有；社会资本投资兴建的农村供水基础设施，所形成的资产归投资者所有，或依据投资者意愿确定产权归属。由产权所有者建立管护制度，落实管护责任。鼓励开展农村供水设施产权交易，通过拍卖、租赁、承包、股份合作、委托经营等方式将一定期限内的管护权、收益权划归社会投资者。推进

国有供水企业股份制改造，引入第三方参与运行管理。（水利部、住房城乡建设部、国家发展改革委、财政部等负责）

（十四）理顺农村污水垃圾处理管理体制。探索建立农村污水垃圾处理统一管理体制，切实解决多头管理问题。鼓励实施城乡生活污水“统一规划、统一建设、统一运行、统一管理”集中处理与农村污水“分户、联户、村组”分散处理相结合的模式，推动农村垃圾分类和资源化利用，完善农村垃圾“户分类、村组收集、乡镇转运、市县处理”集中处置与“户分类、村组收集、乡镇（或村）就地处理”分散处置相结合的模式，推广建立村庄保洁制度。推进建立统一的农村人居环境建设管理信息化平台，促进相关资源统筹利用。（住房城乡建设部、环境保护部牵头负责）

（十五）积极推进农村电力管理体制改革。加快建立规范的现代电力企业制度，鼓励有条件的地区开展县级电网企业股份制改革试点。逐步向符合条件的市场主体放开增量配电网投资业务，赋予投资主体新增配电网的所有权和经营权。鼓励以混合所有制方式发展配电业务，通过公私合营模式引入社会资本参与农村电网改造升级及运营。支持社会资本投资建设清洁能源项目和分布式电源并网工程。（国家能源局、国家发展改革委牵头负责）

（十六）鼓励农村电信设施建设向民间资本开放。创新农村电信基础设施建设项目融资模式，支持民间资本以资本入股、业务代理、网络代维等多种形式与基础电信企业开展合作，参与农村电信基础设施建设。加快推进东中部发达地区农村宽带接入市场向民间资本开放试点工作，逐步深化试

点，鼓励和引导民间资本开展农村宽带接入网络建设和业务运营。（工业和信息化部牵头负责）

（十七）改进项目管理和绩效评价方式。建立涵盖需求决策、投资管理、建设运营等全过程、多层次的农村基础设施建设项目综合评价体系。对具备条件的项目，通过公开招标、邀请招标、定向委托、竞争性谈判等多种方式选择专业化的第三方机构，参与项目前期论证、招投标、建设监理、效益评价等，建立绩效考核、监督激励和定期评价机制。（国家发展改革委、财政部牵头负责）

四、健全定价机制，激发投资动力和活力

（十八）合理确定农村供水价格。在建立使用者付费制度、促进节约用水的基础上，完善农村供水水价形成机制。对城市周边已纳入城镇自来水供应范围的农户，实行统一的居民阶梯水价政策。对实行农村集中式供水的，按照补偿成本、合理盈利的原则确定水价，实行有偿服务、计量收费。地方政府和具备条件的农村集体经济组织可根据实际情况对运营单位进行合理补偿。通过加强水费征收和运行维护费用补偿等措施，保障工程正常运行及日常维护。（国家发展改革委、水利部牵头负责）

（十九）探索建立污水垃圾处理农户缴费制度。鼓励先行先试，在有条件的地区实行污水垃圾处理农户缴费制度，保障运营单位获得合理收益，综合考虑污染防治形势、经济社会承受能力、农村居民意愿等因素，合理确定缴费水平和标准，建立财政补贴与农户缴费合理分摊机制。完善农村污

水垃圾处理费用调整机制，建立上下游价格调整联动机制，价格调整不到位时，地方政府和具备条件的村集体可根据实际情况对运营单位给予合理补偿。（住房城乡建设部、国家发展改革委、财政部等负责）

（二十）完善输配电价机制。按照“管住中间、放开两头”的原则，推进输配电价改革，严格成本审核和监管，完善分类定价、阶梯电价政策，落实好“两分钱”农网还贷资金政策，研究建立电力普遍服务补偿机制，支持农村地区发展。（国家发展改革委、国家能源局牵头负责）

（二十一）推进农村地区宽带网络提速降费。加快农村宽带网络建设，引导基础电信企业公平竞争。指导和推动基础电信企业简化资费结构，切实提高农村宽带上网等业务的性价比，为农村贫困户提供更加优惠的资费方案，为发展“互联网+”提供有力支撑。（工业和信息化部牵头负责）

五、保障措施

（二十二）强化规划引导作用。按照城乡一体化发展的要求，衔接协调各类规划，推进县域乡村建设规划编制，统筹农村道路、供水、污水垃圾处理、供电、电信等基础设施建设布局。推动城镇基础设施向农村延伸，鼓励将城市周边农村、规模较大的中心镇纳入城镇基础设施建设规划，实行统一规划、统一建设、统一管护。（住房城乡建设部牵头负责）

（二十三）完善相关法律法规。完善农村基础设施投融资相关法律法规，依法保护投资者合法权益，维护公平有序的市场投资环境。推动公路法、村庄和集镇规划建设管理条例等相关法律法规修订工作，为创新农村基础设施投融资体制机制创造条件。加快修订相关规定，适当放宽对农村小型基础设施投资项目管理“四制”要求。（交通运输部、住房城乡建设部、国家发展改革委、农业部、国务院法制办等负责）

（二十四）落实地方政府责任。地方各级人民政府要把农村基础设施建设管护摆上重要议事日程，统筹本辖区内国有林区、林场、垦区等基础设施建设，积极创新投融资体制机制。县级人民政府是农村基础设施建设管护的责任主体，要结合本地实际，制定实施意见，确保各项措施落到实处。（各省级人民政府负责）

（二十五）加强部门协作。国务院各有关部门要根据本意见，按照职责分工，密切协作配合，抓紧制定相关配套措施。国家发展改革委要会同有关部门对意见落实情况进行跟踪分析和定期评估，并向国务院报告。（国家发展改革委牵头负责）

13. 国务院关于探索建立涉农资金统筹整合长效机制的意见

（2017 年 12 月 8 日　国发〔2017〕54 号）

探索建立涉农资金统筹整合长效机制，是发挥财税体制改革牵引作用、推进农业供给侧结构性改革的重要途径，是加快农业现代化步伐和农村全面建成小康社会的有力保障。近年来，按照党中央、国务院决策部署，各地区、各有关部门探索推进涉农资金统筹整合，取得了积极进展。但涉农资金统筹整合仍面临一些问题和困难，涉农资金管理的体制机制性问题进一步凸显。为加强涉农资金统筹整合，探索建立长效机制，现提出如下意见。

一、总体要求

（一）指导思想。全面贯彻党的十九大精神，以习近平新时代中国特色社会主义思想为指导，认真落实党中央、国务院决策部署，统筹推进“五位一体”总体布局和协调推进“四个全面”战略布局，坚持稳中求进工作总基调，牢固树立和贯彻落实创新、协调、绿色、开放、共享的发展理念，遵循国家“三农”工作方针政策，紧紧围绕实施乡村振兴战略，将涉农资金统筹整合作为深化财税体制改革和政府投资体制改革的重要内容，优化财政支农投入供给，加强财政支农政策顶层设计，理顺涉农资金管理体系，创新涉农资金使用管理机制，改革和完善农村投融资体制，切实提升国家支农政策效果和支农资金使用效益。

（二）基本原则。

坚持问题导向。主要针对当前涉农资金多头管理、交叉重复、使用分散等问题，优化顶层设计，创新体制机制，完善政策措施，不断提高涉农资金使用效益。支持连片特困地区县和国家扶贫开发工作重点县把专项扶贫资金、相关涉农资金和社会帮扶资金捆绑集中使用。

坚持简政放权。深入推进涉农领域“放管服”改革，进一步推动审批权下放，赋予地方必要的统筹涉农资金的自主权，激励地方积极主动作为。加强事中事后监管，依法依规、有序有效推进涉农资金统筹整合。

坚持统筹协调。各方协作，上下联动，促进中央宏观指导和地方自主统筹的有机结合，推进合理划分农业领域中央与地方财政事权和支出责任，明晰部门职责关系，建立激励约束机制，充分调动各方积极性。

坚持分类施策。按照专项转移支付和基建投资（即预算内投资，下同）管理的职责分工，在中央、省、市、县等层级分类有序推进涉农资金统筹整合，对行业内涉农资金在预算编制环节进行源头整合，行业间涉农资金主要在预算执行环节进行统筹，加强行业内涉农资金整合与行业间涉农资金统筹的衔接配合。

（三）主要目标。到 2018 年，实现农业发展领域行业内涉农专项转移支付的统筹整合。到 2019 年，基本实现农业发展领域行业间涉农专项转移支付和涉农基建投资的分类统筹整合。到2020年，构建形成农业发展领域权责匹配、相互协调、上下联动、步调一致的涉农资金（涉农专项转移支付和涉农基建投资）统筹整合长效机制，并根据农业领域中央与地方财政事权和支出责任划分改革以及转移支付制度改革，适时调整完善。

二、推进行业内涉农资金整合

（四）归并设置涉农资金专项。中央涉农资金以党中央、国务院有关决策部署和相关法律法规为依据，根据预算法等相关规定按程序设立。进一步完善现行涉农资金管理体系，按照涉农专项转移支付和涉农基建投资两大类，对行业内交叉重复的中央涉农资金予以清理整合。中央层面构建涉农资金管理体系，其中涉农专项转移支付以农业生产发展、农业资源及生态保护、农村土地承包经营权确权登记颁证、动物防疫、农业综合开发、土地整治、林业生态保护恢复、林业改革发展、水利发展、大中型水库移民后期扶持、农业生产救灾及特大防汛抗旱等大专项为主体，涉农基建投资以重大水利工程、水生态及中小河流治理等其他水利工程、农村饮水安全巩固提升、重大水利项目勘察设计等前期工作、农业生产发展、农业可持续发展、现代农业支撑体系、森林资源培育、重点区域生态保护与修复、生态保护支撑体系、农村民生工程等大专项为主体。对清理整合后的涉农资金，进一步明确政策目标、扶持对象、补助标准、实施期限、绩效管理等。（财政部、国家发展改革委、国土资源部、水利部、农业部、国家林业局等负责，2019年基本完成并逐步完善）

（五）合理设定任务清单。中央涉农资金在建立大专项的基础上，实行“大专项＋任务清单”管理模式。有关部门根据各项涉农资金应当保障的政策内容设立任务清单。任务清单区分约束性任务和指导性任务，给予地方不同的整合权限，实施差别化管理。约束性任务主要包括党中央、国务院明确要求的涉及国计民生的事项、重大规划任务、新设试点任务以及农业生产救灾、对农牧民直接补贴等，其他任务为指导性任务。充分赋予地方自主权，允许地方在完成约束性任务的前提下，根据当地产业发展需要，区分轻重缓急，在同一大专项内调剂使用资金。任务清单按照专项转移支付、基建投资两大类，分别由财政部、国家发展改革委衔接平衡，并会同有关部门对任务清单定期开展评估，建立调整优化和退出机制，为最终形成中央领导、合理授权、依法规范、运转高效的财政事权和支出责任划分模式奠定实践基础。（财政部、国家发展改革委、国土资源部、水利部、农业部、国家林业局等负责，2019 年基本完成并逐步完善）

（六）同步下达资金与任务清单。财政部、国家发展改革委按照专项转移支付、基建投资管理的职责分工，分别会同有关部门按照因素法、项目法等方式分配中央涉农资金，统筹考虑任务清单中各项任务的性质，不断完善涉农资金分配指标体系。加强资金分配与任务清单的衔接匹配，确保资金投入与任务相统一。以大专项为单位，实现涉农资金和任务清单集中同步下达。省级有关部门要组织完成约束性任务，因地制宜统筹安排指导性任务，进行细化分解，制定资金使用方案和任务完成计划，并分别报财政部、国家发展改革委和有关部门备案。进一步创新完善省级以下涉农资金管理体制，明确省级与市县级的责任分工，充分调动基层工作积极性。（财政部、国家发展改革委、国土资源部、水利部、农业部、国家林业局、地方人民政府等负责，2019 年基本完成并逐步完善）

（七）建立与整合相适应的绩效评价制度。财政部、国家发展改革委要会同有关部门根据省级制定的资金使用方案、任务完成计划和绩效目标开展绩效考核，逐步建立以绩效评价结果为导向的涉农资金大专项和任务清单设置机制及资金分配机制。健全完善科学全面的绩效评价指标体系，逐步由单项任务绩效考核向行业综合绩效考核转变。建立健全奖励激励机制，对涉农资金统筹整合成效突出的地方在资金安排上予以适当倾斜。（财政部、国家发展改革委、国土资源部、水利部、农业部、国家林业局等负责，2019 年基本完成并逐步完善）

三、推进行业间涉农资金统筹

（八）充分发挥规划的引领作用。地方各级人民政府要摸清涉农资金底数，根据财政收支形势等情况编制三年滚动财政规划和政府投资规划，并与国民经济和社会发展五年规划纲要及相关涉农专项规划进行衔接。对因地制宜搭建的各类涉农资金统筹整合平台，如支持农村一二三产业融合发展、推进适度规模经营、扶持小农户生产、支持特色优势产业发展等，要科学编制有关专项规划、区域规划，不断提升规划的适用性和可操作性，以规划引领涉农资金统筹使用和

集中投入。(地方人民政府负责，2018 年起持续推进)

（九）加强性质相同、用途相近的涉农资金统筹使用。针对多个部门安排的性质相同、用途相近的涉农资金，如各类支持高标准农田建设的资金等，加大预算执行环节的统筹协调力度。有关部门要建立部际会商机制，沟通资金流向，统一建设标准，完善支持方式，加强指导服务，为地方推进涉农资金统筹使用创造条件。地方可在确保完成目标任务的前提下，将各级财政安排的性质相同、用途相近的涉农资金纳入同一资金池，统一设计方案、统一资金拨付、统一组织实施、统一考核验收，形成政策合力，提升资金使用效益。财政部、国家发展改革委要会同有关部门及时总结地方在预算执行环节的统筹经验，进一步明确职责分工和资金用途，逐步实现同一工作事项按照部门职责分工由一个行业部门统筹负责。(财政部、国家发展改革委、国土资源部、水利部、农业部、国家林业局、地方人民政府等负责，2018 年起持续推进)

（十）促进功能互补、用途衔接的涉农资金集中投入。支持省、市、县级人民政府围绕改革任务、优势区域、重点项目等，按照“渠道不乱、用途不变、集中投入、各负其责、各记其功、形成合力”的原则，统筹安排各类功能互补、用途衔接的涉农资金。充分发挥地方特别是县级涉农资金统筹整合的主体作用，挖掘亮点典型，总结推广经验，自下而上完善涉农资金统筹整合体制机制。（财政部、国家发展改革委、国土资源部、水利部、农业部、国家林业局、地方人民政府等负责，2018 年起持续推进)

四、改革完善涉农资金管理体制机制

（十一）加强管理制度体系建设。继续对涉农资金管理制度进行清理、修订和完善，做到每一项涉农资金对应一个资金管理办法。加强现行各项管理制度的衔接，指导地方制定与中央涉农资金相对应的管理细则。各地在出台或修订相关管理制度时，要充分考虑中央关于涉农资金统筹整合的要求。切实加强制度培训和执行工作，确保涉农资金统筹整合取得实效。（财政部、国家发展改革委、国土资源部、水利部、农业部、国家林业局、地方人民政府等负责，2019 年基本完成并逐步完善）

（十二）进一步下放审批权限。有关部门要按照简政放权、放管结合、优化服务改革的总体要求，在做好宏观指导的基础上，统筹考虑项目投入、项目性质等因素，进一步下放涉农项目审批权限，赋予地方相机施策和统筹资金的自主权。强化地方人民政府特别是县级人民政府统筹使用涉农资金的责任，不断提高项目决策的自主性和灵活度。（财政部、国家发展改革委、国土资源部、水利部、农业部、国家林业局、地方人民政府等负责，2018 年起持续推进）

（十三）充实涉农资金项目库。依据国家“三农”工作方针政策和相关规划，编制政府投资项目三年滚动计划，加强各类涉农项目储备。完善项目论证、评审等工作流程，对相关项目库内项目实施动态管理。加强财政、发展改革和行业部门之间，中央和地方之间，年度之间项目库的衔接，归并重复设置的涉农项目。加快资金安排进度，适当简化、整合项目报建手续，健全完善考核措施，确保项目发挥效益。根据项目性质，采取投资补助、民办公助、贷款贴息等方式予以支持，不断提升涉农项目的公众参与度。（财政部、国家发展改革委、国土资源部、水利部、农业部、国家林业局、地方人民政府等负责，2018 年起持续推进）

（十四）加强涉农资金监管。有关部门及地方各级人民政府要加强对涉农资金的监管，形成权责明确、有效制衡、齐抓共管的监管格局，防止借统筹整合名义挪用涉农资金。探索建立第三方评估体系，通过竞争择优的方式选择专家学者、研究机构等对涉农资金政策进行评估。完善决策程序，健全决策责任追究制度，对违反涉农资金统筹整合相关制度规定、造成涉农资金重大损失的，要对相关责任人予以问责。严肃查处违纪违法违规行为，及时追回被骗取、冒领、挤占、截留、挪用的涉农资金，依纪依法追究相关单位和责任人的责任。加强信用监管，对严重失信主体探索建立联合惩戒机制。（财政部、国家发展改革委、国土资源部、水利部、农业部、国家林业局、地方人民政府等负责，2018 年起持续推进）

（十五）加大信息公开公示力度。全面推进信息公开，健全公告公示制度。地方各级人民政府及有关部门在涉农资金的统筹整合方案决策前要听取各方意见，管理办法、资金规模、扶持范围、分配结果等应按规定向社会公开。利用互联网、大数据等信息化手段，探索实行“互联网＋监管”新模式。推动县级建立统一的涉农资金信息公开网络平台。各地应结合涉农资金管理使用情况，明确不同层级公告公示的具体内容、时间要求和工作程序。建立健全村务监督机制，继续完善行政村公告公示制度。（财政部、国家发展改革委、国土资源部、水利部、农业部、国家林业局、地方人民政府等负责，2018 年起持续推进）

五、保障措施

（十六）加强组织领导。地方各级人民政府要高度重视，把涉农资金统筹整合工作摆在突出位置，切实承担主体责任，为推进统筹整合工作提供组织保障。建立政府统一领导、相关部门参与的涉农资金统筹整合领导小组及办公室，统一思想认识，加大协调力度，制定实施方案，狠抓工作落实。（地方人民政府负责，2018 年基本建成并持续加强领导）

（十七）加强部门协同。各有关部门要加强沟通配合，为推进涉农资金统筹整合工作提供机制保障。财政、发展改革部门要以资金、规划和任务清单管理为抓手，指导和支持涉农资金统筹整合。行业部门要科学设置、细化分解任务清单，做好任务落实和考核评价等工作。（财政部、国家发展改革委、国土资源部、水利部、农业部、国家林业局、地方人民政府等负责，2019 年基本完成并逐步完善）

（十八）鼓励探索创新。贫困县涉农资金统筹整合试点、黑龙江省“两大平原”涉农资金整合第二阶段试点、市县涉农资金整合优化试点、省级涉农资金管理改革试点和湖南省以高标准农田建设为平台开展涉农资金整合试点等相关试点，在试点期内，继续按相关规定实施。鼓励各地根据行业内资金整合与行业间资金统筹的工作思路，因地制宜开展多层级、多形式的涉农资金统筹整合，突破现有管理制度规定的，应按管理权限和程序报批或申请授权。在开展涉农资金统筹整合中涉及财政专项扶贫资金时，要遵循精准使用的原则，不得用于非建档立卡贫困户和非扶贫领域。地方各级人民政府可参照“大专项＋任务清单”管理模式，在预算编制环节合理设置本级涉农资金大专项，探索实施任务清单差别化管理。（财政部、国家发展改革委、国土资源部、水利部、农业部、国家林业局、地方人民政府等负责，2018年起持续推进）

（十九）加强舆论宣传。认真总结和推广各地区、各有关部门在涉农资金统筹整合中的好经验、好做法，加强信息报送和政策宣传，注重宣传的引导性和时效性，努力营造全社会关心、支持涉农资金统筹整合的新局面。（财政部、国家发展改革委、国土资源部、水利部、农业部、国家林业局、地方人民政府等负责，2018年起持续推进）

二、交通运输部令

1. 农村公路养护管理办法

（2015年11月11日 交通运输部令2015年第22号）

第一章 总 则

第一条 为规范农村公路养护管理，促进农村公路可持续健康发展，根据《公路法》《公路安全保护条例》和国务院相关规定，制定本办法。

第二条 农村公路的养护管理，适用本办法。

本办法所称农村公路是指纳入农村公路规划，并按照公路工程技术标准修建的县道、乡道、村道及其所属设施，包括经省级交通运输主管部门认定并纳入统计年报里程的农村公路。公路包括公路桥梁、隧道和渡口。

县道是指除国道、省道以外的县际间公路以及连接县级人民政府所在地与乡级人民政府所在地和主要商品生产、集散地的公路。

乡道是指除县道及县道以上等级公路以外的乡际间公路以及连接乡级人民政府所在地与建制村的公路。

村道是指除乡道及乡道以上等级公路以外的连接建制村与建制村、建制村与自然村、建制村与外部的公路，但不包括村内街巷和农田间的机耕道。

县道、乡道和村道由县级以上人民政府按照农村公路规划的审批权限在规划中予以确定，其命名和编号由省级交通运输主管部门根据国家有关规定确定。

第三条 农村公路养护管理应当遵循以县为主、分级负责、群众参与、保障畅通的原则，按照相关技术规范和操作规程进行，保持路基、边坡稳定，路面、构造物完好，保证农村公路处于良好的技术状态。

第四条 县级人民政府应当按照国务院的规定履行农村公路养护管理的主体责任，建立符合本地实际的农村公路管理体制，落实县、乡（镇）、建制村农村公路养护工作机构和人员，完善养护管理资金财政预算保障机制。

县级交通运输主管部门及其公路管理机构应当建立健全农村公路养护工作机制，执行和落实各项养护管理任务，指导乡道、村道的养护管理工作。

县级以上地方交通运输主管部门及其公路管理机构应当加强农村公路养护管理的监督管理和技术指导，完善对下级交通运输主管部门的目标考核机制。

第五条 鼓励农村公路养护管理应用新技术、新材料、新工艺、新设备，提高农村公路养护管理水平。

第二章 养护资金

第六条 农村公路养护管理资金的筹集和使用应当坚持“政府主导、多元筹资、统筹安排、专款专用、强化监管、绩效考核”的原则。

第七条 农村公路养护管理资金主要来源包括：

（一）各级地方人民政府安排的财政预算资金。包括：公共财政预算资金；省级安排的成品油消费税改革新增收入补助资金；地市、县安排的成品油消费税改革新增收入资金（替代摩托车、拖拉机养路费的基数和增量部分）。

（二）中央补助的专项资金。

（三）村民委员会通过“一事一议”等方式筹集的用于村道养护的资金。

（四）企业、个人等社会捐助，或者通过其他方式筹集的资金。

第八条 各级地方人民政府应当按照国家规定，根据农村公路养护和管理的实际需要，安排必要的公共财政预算，保证农村公路养护管理需要，并随农村公路里程和地方财力增长逐步增加。鼓励有条件的地方人民政府通过提高补助标准等方式筹集农村公路养护管理资金。

第九条 省级人民政府安排的成品油消费税改革新增收入补助资金应当按照国务院规定专项用于农村公路养护工程，不得用于日常保养和人员开支，且补助标准每年每公里不得低于国务院规定的县道7000元、乡道3500元、村道1000元。

经省级交通运输主管部门认定并纳入统计年报里程的农村公路均应当作为补助基数。

第十条 省级交通运输主管部门应当协调建立成品油消费税改革新增收入替代摩托车、拖拉机养路费转移支付资金增长机制，增幅不低于成品油税费改革新增收入的增量资金增长比例。

第十一条 省级交通运输主管部门应当协调建立省级补助资金“以奖代补”或者其他形式的激励机制，充分调动地市、县人民政府加大养护管理资金投入的积极性。

第十二条 县级交通运输主管部门应当统筹使用好上级补助资金和其他各类资金，努力提高资金使用效益，不断完善资金监管和激励制度。

第十三条 企业和个人捐助的资金，应当在尊重捐助企业和个人意愿的前提下，由接受捐赠单位统筹安排用于农村公路养护。

村民委员会通过“一事一议”筹集养护资金，由村民委员会统筹安排专项用于村道养护。

第十四条 农村公路养护资金应当实行独立核算，专款专用，禁止截留、挤占或者挪用，使用情况接受审计、财政等部门的审计和监督检查。

第三章 养护管理

第十五条 县级交通运输主管部门和公路管理机构应当建立健全农村公路养护质量检查、考核和评定制度，建立健全质量安全保证体系和信用评价体系，加强检查监督，确保工程质量和安全。

第十六条 农村公路养护按其工程性质、技术复杂程度和规模大小，分为小修保养、中修、大修、改建。

养护计划应当结合通行安全和社会需求等因素，按照轻重缓急，统筹安排。

大中修和改建工程应按有关规范和标准进行设计，履行相关管理程序，并按照有关规定进行验收。

第十七条 农村公路养护应当逐步向规范化、专业化、机械化、市场化方向发展。

第十八条 县级交通运输主管部门和公路管理机构要优化现有农村公路养护道班和工区布局，扩大作业覆盖面，提升专业技能，充分发挥其在公共服务、应急抢险和日常养护与管理中的作用。

鼓励将日常保养交由公路沿线村民负责，采取个人、家庭分段承包等方式实施，并按照优胜劣汰的原则，逐步建立相对稳定的群众性养护队伍。

第十九条 农村公路养护应逐步推行市场化，实行合同管理，计量支付，并充分发挥信用评价的作用，择优选定养护作业单位。

鼓励从事公路养护的事业单位和社会力量组建养护企业，参与养护市场竞争。

第二十条 各级地方交通运输主管部门和公路管理机构要完善农村公路养护管理信息系统和公路技术状况统计更新制度，加快决策科学化和管理信息化进程。

第二十一条 县级交通运输主管部门和公路管理机构应当定期组织开展农村公路技术状况评定，县道和重要乡道评定频率每年不少于一次，其他公路在五年规划期内不少于两次。

路面技术状况评定宜采用自动化快速检测设备。有条件的地区在五年规划期内，县道评定频率应当不低于两次，乡道、村道应当不低于一次。

第二十二条 省级交通运输主管部门要以《公路技术状况评定标准》为基础，制定符合本辖区实际的农村公路技术状况评定标准，省、地市级交通运输主管部门应当定期组织对评定结果进行抽查。

第二十三条 地方各级交通运输主管部门和公路管理机构应当将公路技术状况评定结果作为养护质量考核的重要指标，并建立相应的奖惩机制。

第二十四条 农村公路养护作业单位和人员应当按照《公路安全保护条例》规定和相关技术规范要求开展养护作业，采取有效措施，确保施工安全、交通安全和工程质量。

农村公路养护作业单位应当完善养护质量和安全制度，加强作业人员教育和培训。

第二十五条 负责农村公路日常养护的单位或者个人应当按合同规定定期进行路况巡查，发现突发损坏、交通中断或者路产路权案件等影响公路运行的情况时，及时按有关规定处理和上报。

农村公路发生严重损坏或中断时，县级交通运输主管部门和公路管理机构应当在当地政府的统一领导下，组织及时修复和抢通。难以及时恢复交通的，应当设立醒目的警示标志，并告知绕行路线。

第二十六条 大型建设项目在施工期间需要使用农村公路的，应当按照指定线路行驶，符合荷载标准。对公路造成损坏的应当进行修复或者依法赔偿。

第二十七条 县、乡级人民政府应当依据有关规定对农村公路养护需要的挖砂、采石、取土以及取水给予支持和协助。

第二十八条 县级人民政府应当按照《公路法》《公路安全保护条例》的有关规定组织划定农村公路用地和建筑控制区。

第二十九条 县级交通运输主管部门和公路管理机构应在当地人民政府统一领导下，大力整治农村公路路域环境，加强绿化美化，逐步实现田路分家、路宅分家，努力做到路面整洁无杂物，排水畅通无淤积，打造畅安舒美的农村公路通行环境。

第四章 法律责任

第三十条 违反本办法规定，在筹集或者使用农村公路养护资金过程中，强制向单位和个人集资或者截留、挤占、挪用资金等违规行为的，由有关交通运输主管部门或者由其向地方人民政府建议对责任单位进行通报批评，限期整改；情节严重的，对责任人依法给予行政处分。

第三十一条 违反本办法规定，不按规定对农村公路进行养护的，由有关交通运输主管部门或者由其向地方人民政府建议对责任单位进行通报批评，限期整改；情节严重的，停止补助资金拨付，依法对责任人给予行政处分。

第三十二条 违反本办法其他规定，由县级交通运输主管部门或者公路管理机构按照《公路法》《公路安全保护条例》相关规定进行处罚。

第五章 附则

第三十三条 本办法自2016年1月1日起施行。交通运输部于2008年4月发布的《农村公路管理养护暂行办法》（交公路发〔2008〕43号）同时废止。

2. 农村公路建设管理办法

（2006年1月27日 交通部令2006年第3号）

第一章 总 则

第一条 为加强农村公路建设管理，促进农村公路健康、持续发展，适应建设社会主义新农村需要，根据《中华人民共和国公路法》，制定本办法。

第二条 本办法适用于各级人民政府和有关部门投资的农村公路新建和改建工程的建设管理。

本办法所称农村公路，包括县道、乡道和村道。

第三条 农村公路建设应当遵循统筹规划、分级负责、因地制宜、经济实用、注重环保、确保质量的原则。

第四条 农村公路建设应当由地方人民政府负责。其中，乡道由所在乡（镇）人民政府负责建设；在当地人民政府的指导下，村道由村民委员会按照村民自愿、民主决策、一事一议的方式组织建设。

第五条 农村公路建设项目应当依据农村公路建设规划和分阶段建设重点，按照简便适用、切合实际的原则和国家规定的程序组织建设。

第六条 农村公路建设应当保证质量，降低建设成本，节能降耗，节约用地，保护生态环境。

国家鼓励农村公路建设应用新技术、新材料、新工艺。

第七条 交通部负责全国农村公路建设的行业管理。

省级人民政府交通主管部门依据职责负责本行政区域内农村公路建设的管理。

设区的市和县级人民政府交通主管部门依据职责负责本行政区域内农村公路建设的组织和管理。

第二章 标准与设计

第八条 各级人民政府交通主管部门应当按照因地制宜、实事求是的原则，合理确定农村公路的建设标准。

县道和乡道一般应当按照等级公路建设标准建设；村道的建设标准，特别是路基、路面宽度，应当根据当地实际需要和经济条件确定。

第九条 农村公路建设的技术指标应当根据实际情况合理确定。对于工程艰巨、地质复杂路段，在确保安全的前提下，平纵指标可适当降低，路基宽度可适当减窄。

第十条 农村公路建设应当充分利用现有道路进行改建或扩建。桥涵工程应当采用经济适用、施工方便的结构型式。路面应当选择能够就地取材、易于施工、有利于后期养护的结构。

第十一条 农村公路建设应当重视排水和防护工程的设置，提高公路抗灾能力。在陡岩、急弯、沿河路段应当设置必要的安全、防护设施和警示标志，提高行车安全性。

第十二条 二级以上的公路或中型以上的桥梁、隧道工程项目应当按照国家有关规定，分初步设计和施工图设计两个阶段进行；其他工程项目可以直接采用施工图一阶段设计。

第十三条 四级以上农村公路工程和大桥、特大桥、隧道工程的设计，应当由具有相应资质的设计单位承担；其他农村公路工程的设计，可以由县级以上地方人民政府交通主管部门组织有经验的技术人员承担。

第十四条 农村公路建设的工程设计，应当按照有关规定报县级以上人民政府交通主管部门审批。

第三章 建设资金与管理

第十五条 农村公路建设资金应当按照国家有关规定，列入地方人民政府的财政预算。

第十六条 农村公路建设逐步实行政府投资为主、农村社区为辅、社会各界共同参与的多渠道筹资机制。

鼓励农村公路沿线受益单位捐助农村公路建设；鼓励利用冠名权、路边资源开发权、绿化权等方式筹集社会资金投资农村公路建设，鼓励企业和个人捐款用于农村公路建设。

第十七条 农村公路建设不得增加农民负担，不得损害农民利益，不得采用强制手段向单位和个人集资，不得强行让农民出工、备料。确需农民出资、投入劳动力的，应当由村民委员会征得农民同意。

第十八条 中央政府对农村公路建设的补助资金应当全部用于农村公路建设工程项目，并严格执行国家对农村公路补助资金使用的有关规定，不得从中提取咨询、审查、管理、监督等费用。补助资金可以采用以奖代补的办法支付或者先预拨一部分，待工程验收合格后再全部支付。

地方政府安排的建设资金应当按时到位，并按照工程进度分期支付。

第十九条　农村公路建设不得拖欠工程款和农民工工资，不得拖欠征地拆迁款。

第二十条　各级地方人民政府交通主管部门应当依据职责，建立健全农村公路建设资金管理制度，加强对资金使用情况的监管。

农村公路建设资金使用应当接受审计、财政和上级财务部门审计检查。

任何单位、组织和个人不得截留、挤占和挪用农村公路建设资金。

第二十一条　各级人民政府和村民委员会应当将农村公路建设资金使用情况，向公路沿线乡（镇）、村定期进行公示，加强资金使用的社会监督。

第四章　建设组织与管理

第二十二条　农村公路建设用地依法应当列入农用地范围的，按照国家有关规定执行。

第二十三条　农村公路建设需要拆迁的，应当按照当地政府确定的补偿标准给予补偿，补偿标准应当公开。

第二十四条　农村公路建设项目符合法定招标条件的，应当依法进行招标。

含群众集资、农民投劳或利用扶贫资金的农村公路建设项目，以及未达到法定招标条件的项目，可以不进行招标。

第二十五条　县级以上地方人民政府交通主管部门应当

加强对农村公路建设项目招标投标工作的指导和监督。

省级人民政府交通主管部门可以编制符合农村公路建设实际的招标文件范本。

第二十六条 对于规模较大、技术复杂的农村公路建设项目以及大桥、特大桥和隧道工程应当单独招标，其他农村公路建设项目可以在同一乡（镇）范围内多项目一并招标。

第二十七条 县道建设项目的招标由县级以上地方人民政府交通主管部门负责组织。乡道、村道建设项目的招标，可以由县级人民政府交通主管部门统一组织，也可以在县级人民政府交通主管部门的指导下由乡（镇）人民政府组织。

招标结果应当在当地进行公示。

第二十八条 沥青（水泥）混凝土路面、桥梁、隧道等工程，应当选择持有国家规定的资质证书的专业队伍施工。路基改建和公路附属工程在保证工程质量的条件下，可以在专业技术人员的指导下组织当地农民参加施工。

第二十九条 二级以上公路或中型以上桥梁、隧道工程项目应当依法办理施工许可；其他列入年度建设计划的农村公路建设项目，完成相应准备工作并经县级以上地方人民政府交通主管部门认可的，即视同批准开工建设。

第三十条 农村公路路面和桥梁、隧道工程应当主要采用机械化施工。

第三十一条 农村公路建设单位对工程质量负管理责任。施工单位对施工质量负责。

建设单位和施工单位要依据职责，明确质量责任，落实质量保证措施，加强质量与技术管理。

第三十二条 农村公路建设项目应当建立工程质量责任追究制和安全生产责任制。

第三十三条 铺筑沥青（水泥）混凝土路面的公路、大桥、特大桥及隧道工程应当设定质量缺陷责任期和质量保证金。质量缺陷责任期一般为1年，质量保证金一般为施工合同额的5%。

质量保证金由施工单位交付，由建设单位设立专户保管。质量缺陷责任期满、质量缺陷得到有效处置后，质量保证金应当返还施工单位。

第三十四条 农村公路建设过程中，发生工程质量或者安全事故，应当按照有关规定及时上报，不得隐瞒。

第三十五条 县级以上人民政府交通主管部门要加强对农村公路建设质量和安全生产的监督管理。

第三十六条 省级人民政府交通主管部门所属的质量监督机构应当加强对农村公路建设质量监督工作的指导。

设区的市级地方人民政府交通主管部门可以委托所属的质量监督机构负责组织农村公路建设的质量监督工作。未设置质量监督机构的，可以成立专门小组负责组织农村公路建设的质量监督工作。

第三十七条 地方人民政府交通主管部门可以聘请技术专家或群众代表参与监督工作。

农村公路施工现场应当设立工程质量主要控制措施的告示牌，以便社会监督和质量问题举报。

第三十八条 农村公路工程监理可以由县级人民政府交通主管部门以县为单位组建一个或几个监理组进行监理。有条件的，可通过招标方式，委托社会监理机构监理。

农村公路工程监理工作应当注重技术服务和指导，配备必要的检测设备和检测人员，加强现场质量抽检，确保质量，避免返工。

第五章 工 程 验 收

第三十九条 农村公路建设项目中的县道、大桥、特大桥、隧道工程完工后，由设区的市级人民政府交通主管部门组织验收；其他农村公路建设项目由县级人民政府交通主管部门组织验收。

省级人民政府交通主管部门应当对农村公路工程验收工作进行抽查。

第四十条 农村公路建设项目的交工、竣工验收可以合并进行。

县道一般按项目验收；乡道和村道可以乡（镇）为单位，分批组织验收。

第四十一条 农村公路建设项目验收合格后，方可正式开放交通，并按规定要求开通客运班车。

第四十二条 农村公路建设项目验收合格后，应当落实养护责任和养护资金，加强养护管理，确保安全畅通。

第四十三条 省级人民政府交通主管部门可以根据交通部颁布的《公路工程竣（交）工验收办法》和《公路工程质量检验评定标准》，规定具体的农村公路建设项目验收办法与程序。

第六章 法 律 责 任

第四十四条 违反本办法规定，在筹集农村公路建设资金过程中，强制向单位和个人集资，强迫农民出工、备料的，由上一级人民政府交通主管部门或者本级人民政府对责任单位进行通报批评，限期整改；情节严重的，对责任人依法给予行政处分。

第四十五条 违反本办法规定，农村公路建设资金不按时到位或者截留、挤占和挪用建设资金的，由上一级人民政府交通主管部门或者本级人民政府对责任单位进行通报批评，限期整改；情节严重的，停止资金拨付，对责任人依法给予行政处分。

第四十六条 违反本办法规定，擅自降低征地补偿标准，拖欠工程款、征地拆迁款和农民工工资的，由上一级人民政府交通主管部门或者本级人民政府对责任单位进行通报批评，限期整改；情节严重的，对责任人依法给予行政处分。

第四十七条 违反本办法规定，未经验收或者质量鉴定不合格

即开放交通的，由上一级人民政府交通主管部门责令停止使用，限期改正。

第四十八条 农村公路建设项目发生质量和安全事故隐瞒不报、谎报或拖延报告期限的，由上一级人民政府交通主管部门对责任单位给予警告，对责任人依法给予行政处分。

第四十九条 农村公路建设项目未依法招标的，依据

《中华人民共和国招标投标法》、《公路工程施工招标投标管理办法》等有关规定，对相关责任单位和责任人给予处罚。

第五十条 农村公路建设发生质量违法行为的，依据《建设工程质量管理条例》、《公路建设市场管理办法》、《公路工程质量监督规定》等有关规定对相关责任单位和责任人给予处罚。

第七章 附 则

第五十一条 本办法自 2006 年 3 月 1 日起施行。

三、交通运输部文件

1. 交通运输部关于推进“四好农村路”建设的意见

（2015 年 5 月 26 日　交公路发〔2015〕73 号）

为深入贯彻落实党中央、国务院对“三农”工作部署和习近平总书记对农村公路的重要指示精神，加快推进农村公路建管养运协调可持续发展，到 2020 年实现“建好、管好、护好、运营好”农村公路（以下简称“四好农村路”）的总目标，现提出如下意见。

一、充分认识推进“四好农村路”建设的重大意义

农村公路是保障农民群众生产生活的基本条件，是农业和农村发展的先导性、基础性设施，是社会主义新农村建设的重要支撑。2003 年，部根据中央“三农”工作的部署要求，提出了“修好农村路，服务城镇化，让农民走上油路和水泥路”的建设目标。2013 年，按照党的十八大全面建成小康社会的战略部署，部进一步提出了“小康路上，绝不让任何一个地方因农村交通而掉队”的新目标。11 年来，全国新改建农村公路 333 万公里，新增通车里程 117 万公里，通车总里程达到 388.2 万公里，乡镇和建制村通公路率分别达到 99.98% 和 99.82%，通硬化路率分别达到 98.08% 和 91.76%，通客车率分别达到 98.95% 和 93.32%。农村公路的快速发展和路网状况的显著改善，为农村经济发展和社会

进步提供了基础保障，为社会主义新农村建设和全面建成小康社会发挥了重要作用。当前，农村公路发展依然存在着基础不牢固、区域发展不平衡、养护任务重且资金不足、危桥险段多、安全设施少、运输服务水平不高等突出问题，与全面建成小康社会的要求还存在较大差距。

党的十八大以来，习近平总书记多次就农村公路发展作出重要指示，在充分肯定农村公路建设成绩的同时，要求农村公路建设要因地制宜、以人为本，与优化村镇布局、农村经济发展和广大农民安全便捷出行相适应，要进一步把农村公路建好、管好、护好、运营好，逐步消除制约农村发展的交通瓶颈，为广大农民脱贫致富奔小康提供更好的保障。

总书记的重要批示，充分体现了党中央对农村公路工作的高度重视，蕴含了对农村公路发展的最新要求和殷切希望。今年至整个“十三五”期，是全面建成小康社会的攻坚期和决战期，全国交通运输系统要全面落实好总书记重要批示，充分认识“四好农村路”建设的重大意义，加快推进农村公路提质增效、科学发展，为全面建成小康社会当好先行官。

二、工作目标与任务

推进“四好农村路”建设，要着力从“会战式”建设向集中攻坚转变，从注重连通向提升质量安全水平转变，从以建设为主向建管养运协调发展转变，从适应发展向引领发展转变。通过转变发展思路和发展方式，实现农村公路路网结构明显优化，质量明显提升，养护全面加强，真正做到有路必养；路产路权得到有效保护，路域环境优美整洁，农村客运和物流服务体系健全完善，城乡交通一体化格局基本形成，适应全面建成小康社会和新型城镇化要求。

（一）全面建设好农村公路，切实发挥先行官作用。

坚持因地制宜、以人为本，使农村公路建设与优化城镇布局、农村经济社会发展和广大农民安全便捷出行相适应。加快完成中西部地区和集中连片特困地区建制村通硬化路任务，加快溜索改桥和渡口改造进度，加大农村公路安保工程和危桥改造力度。到2020年，乡镇和建制村通硬化路率达到100%。同时，有序推进农村公路改造、延伸和联网工程建设。充分发挥先行官作用，促进新型城镇化和农业现代化进程。

新改建农村公路应满足等级公路技术标准。四级公路宜采用双车道标准，交通量小或困难路段可采用单车道，但应按规定设置错车道。受地形、地质等自然条件限制的村道局部路段，经技术安全论证，可适当降低技术指标，但要完善相关设施，确保安全。按照保障畅通的要求，同步建设交通安全、排水和生命安全防护设施，改造危桥，确保“建成一条、达标一条”。到2020年，县乡道安全隐患治理率基本达到100%，农村公路危桥总数逐年下降。

加强农村公路建设管理。各级交通运输主管部门要强化建设市场监管和质量、安全督导，保障质量监督检测能力和条件。切实落实农村公路建设“七公开”制度，加强行业监管，接受社会监督。建设管理单位要落实建设资金和专业技术管理人员，明确质量和安全责任人，切实落实质量安全责任，确保工程质量和使用寿命，特别要加强对桥隧和高边坡施工的质量安全管理。采取“以奖代补”形式的项目，应纳入行业监管范围，执行基本建设程序。到2020年，新改建农村公路一次交工验收合格率达到98%以上，重大及以上安全责任事故得到有效遏制，较大和一般事故明显下降。

（二）全面管理好农村公路，切实做到权责一致，规范运行。

按照建立事权与支出责任相适应的财税体制改革要求，构建符合农村公路特点的管理体制与机制。完善县级农村公路管理机构、乡镇农村公路管理站和建制村村道管理议事机制。乡镇政府、村委会要落实必要的管养人员和经费。到2020年，县级人民政府主体责任得到全面落实，以公共财政投入为主的资金保障机制全面建立；县、乡级农村公路管理机构设置率达到100%；农村公路管理机构经费纳入财政预算的比例达到100%。

按照依法治路的总要求，加强农村公路法制和执法机构能力建设，规范执法行为，不断提高执法水平。大力推广县统一执法、乡村协助执法的工作方式。完善农村公路保护设施，努力防止、及时制止和查处违法超限运输及其他各类破坏、损坏农村公路设施等行为。到2020年，农村公路管理法规基本健全，爱路护路的乡规民约、村规民约制定率达到100%，基本建立县有路政员、乡有监管员、村有护路员的路产路权保护队伍。

在当地人民政府统一领导下，大力整治农村公路路域环境，加强绿化美化，全面清理路域范围内的草堆、粪堆、垃圾堆和非公路标志。路面常年保持整洁、无杂物，边沟排水通畅，无淤积、堵塞。到2020年，具备条件的农村公路全部实现路田分家、路宅分家，打造畅安舒美的通行环境。

（三）全面养护好农村公路，切实做到专群结合，有路必养。

建立健全“县为主体、行业指导、部门协作、社会参与”的养护工作机制，全面落实县级人民政府的主体责任，充分发挥乡镇人民政府、村委会和村民的作用。将日常养护经费和人员作为“有路必养”的重要考核指标，真正实现有路必养。到2020年，养护经费全部纳入财政预算，并建立稳定的增长机制，基本满足养护需求。农村公路列养率达到100%，优、良、中等路的比例不低于75%，路面技术状况指数（PQI）逐年上升。

平稳有序推进农村公路养护市场化改革，加快推进养护专业化进程。以养护质量为重点，建立养护质量与计量支付相挂钩的工作机制。对于日常保洁、绿化等非专业项目，鼓励通过分段承包、定额包干等办法，吸收沿线群众参与。农村公路大中修等专业性工程，逐步通过政府购买服务的方式交由专业化养护队伍承担。有序推进基层养护作业单位向独立核算、自主经营的企业化方向发展，参与养护市场竞争。

以因地制宜、经济实用、绿色环保、安全耐久为原则，建立健全适应本地特点的农村公路养护技术规范体系。加大预防性养护和大中修工程实施力度。积极推广废旧路面材料、轮胎、建筑垃圾等废物循环利用技术。加快农村公路养护管理信息化步伐，加强路况检测和人员培训，科学确定和实施养护计划，努力提升养护质量和资金使用效益。

（四）全面运营好农村公路，切实服务城乡经济社会发展。

坚持“城乡统筹、以城带乡、城乡一体、客货并举、运邮结合”总体思路，加快完善农村公路运输服务网络。建立农村客运班线通行条件联合审核机制。加快淘汰老旧农村客运车辆，全面提升客车性能。强化司乘人员的安全培训和教育，提高从业人员素质。在城镇化水平较高地区推进农村客运公交化，鼓励有条件的地区在镇域内发展镇村公交。通客车的建制村2公里范围内要建设农村客运站点（招呼站），选址要因地制宜，充分听取群众意见。农村客运站点（招呼站）应与新改建农村公路项目同步设计、同步建设、同步交付使用。到2020年，具备条件的建制村通客车比例达到100%，城乡道路客运一体化发展水平AAA级以上（含）的县超过60%。

推进县、乡、村三级物流站场设施和信息系统建设，按照“多站合一、资源共享”的模式，推广货运班线、客运班车代运邮件等农村物流组织模式，大力发展适用于农村物流的厢式、冷藏等专业化车型。到2020年，基本建成覆盖县、乡、村三级的农村物流网络。

各省、区、市可结合本地实际，按照本意见，补充完善本辖区工作目标和任务，可适当提高或增加相关指标，一并纳入“四好农村路”建设工作中。

三、措施与要求

推进“四好农村路”建设是今年至“十三五”全国农村公路工作的核心任务。各级交通运输主管部门要高度重视，采取有效措施，精心组织，切实将各项任务和目标落到实处。

一是加强组织领导。部农村公路工作领导小组负责统筹协调和组织指导“四好农村路”建设工作。各省、地市级交通运输主管部门应当成立相应的组织机构，制订工作方案，抓好组织落实。各县级人民政府要成立以政府负责人为组长的领导小组，制定切实可行、符合本地区实际的实施方案，做到任务清晰、责任明确、落实有力。9月底前，各省级交通运输主管部门要将工作方案和工作开展情况报部。同时，各地要高度重视新闻宣传和舆论引导，大力宣传“四好农村路”建设的好经验、好做法以及涌现出的先进集体和先进个人。注重解决好农民群众反映的突出问题，维护好农民群众的合法权益，为农村公路发展创造良好环境。

二是夯实工作责任。各级交通运输主管部门要积极争取以政府名义出台推进农村公路建管养运协调发展的政策措施，争取将“四好农村路”建设工作纳入政府年度考核范围，为工作开展创造良好的政策环境。同时，要落实工作责任，分解工作任务，细化建设目标，充实工作力量，落实资金、机构、人员和保障措施，确保顺利实现“四好农村路”建设各项目标，让百姓看到实效，得到实惠。

三是开展示范县创建活动。各省级交通运输主管部门要高度重视示范引领作用，通过开展“四好农村路”示范县创建活动，充分调动县级人民政府的积极性，落实主体责任，以点带面，全面推进。要制定“四好农村路”示范县标准、申报程序和激励政策。要按照“好中选好、优中选优”和“经验突出、可推广、可复制”的原则，在2016年年底前推出首批“四好农村路”示范县，之后每年推出一批示范县，全面营造比学赶超氛围。示范县由省级交通运输主管部门组织评审，建议以省级人民政府名义授予“四好农村路示范县”荣誉称号。部将及时总结推广各地经验，通报表扬先进集体和先进个人，择时召开“四好农村路”建设现场会，通报各地工作开展情况。

四是加强监督考核。各级交通运输主管部门要加强监督考核工作，重点对责任落实、建设质量、工作进度、资金到位等情况进行检查指导，及时发现和解决存在的问题。要按照“四好农村路”建设的各项工作目标和任务，强化上级交通运输主管部门对下级交通运输主管部门的考核，建立健全考核结果与投资挂钩的奖惩机制。县级交通运输主管部门要加强对乡政府、村委会的督导，充分发挥基层政府和组织在农村公路发展中的作用。

五是加强资金保障。要加快建立以公共财政分级投入为主，多渠道筹措为辅的农村公路建设资金筹措机制。推动各级政府建立根据物价增长、里程和财力增加等因素的养护管理资金投入增长机制。努力争取政府债券、各种扶贫和涉农资金用于农村公路发展。完善“以奖代补”政策，发挥好“一事一议”在农村公路发展中的作用。建立省级补助资金与绩效考核、地方配套等挂钩制度，充分发挥上级补助资金的引导和激励作用。加强资金使用情况监督检查，提高资金使用效益。继续鼓励企业和个人捐款，以及利用道路冠名权、路边资源开发权、绿化权等多种方式筹集社会资金用于农村公路发展。

2. 2016 年“四好农村路”建设工作督导调研方案

（2016 年 4 月 20 日　交公路函〔2016〕206 号）

为深入推进“四好农村路”建设，调研了解农村公路发展中的突出问题，搭建各地农村公路发展经验交流平台，经研究，从今年开始，部对“四好农村路”建设工作进行督导调研。2016 年工作方案如下：

一、主要内容

督导调研的内容主要包括党中央、国务院确定的农村公路发展任务，部党组确定的更贴近民生 13 件实事中的涉及农村公路工作内容，以及《农村公路养护管理办法》《交通运输部关于推进“四好农村路”建设的意见》等重要行业政策落实情况。了解各地在推进“四好农村路”建设中法制建设、资金、机构和人员保障等情况，听取各地对农村公路发展政策的意见和建议。

督导调研以深入了解省级层面的法规、政策、资金及责任落实和相关安排部署情况为主，并按标准进行评分。督导内容和评分标准见附件。

二、总体安排

督导调研采取部督导调研和各地自查两种方式开展。

部督导调研工作组由部公路局会同相关司局共同组织，有关单位参与。工作方式采取座谈交流、资料查阅、实地调研相结合的方式进行。督导结果作为部评判各地农村公路工作开展情况的依据。

实地督导调研包括每个接受督导省份中的两个地市各一个县，其中一个县由所在省份推荐，另一个县随机抽取。

（一）部督导调研工作组人员组成。

部督导调研工作组人数控制在 8 人以内。组长由有关司局或省级交通运输主管部门分管领导担任，参加人员为 3—4 个省级交通运输主管部门或公路管理机构的负责同志、部农村公路建设管理政策研究课题组同志。

（二）部督导调研省份和时间安排。

部督导调研省份为内蒙古、吉林、黑龙江、浙江、广东、宁夏、青海、新疆，共 8 个省（区）。

时间拟安排在 5—10 月。其中：第一批安排在 5—6 月，督导调研广东、浙江，随机抽取的县从扶贫攻坚任务较重的县中选择。第二批安排在 7—8 月，督导调研青海、内蒙古、黑龙江。第三批安排在 9—10 月，督导调研吉林、宁夏、新疆。具体时间另行通知。

（三）自查安排。

自查工作由省级交通运输主管部门和新疆生产建设兵团交通运输局自行组织，10 月底前结束，并按要求向部提交自查报告。

三、部督导调研工作程序

（一）印发督导调研通知。部公路局商有关单位确定部督导调研组组长和成员，并商接受部督导调研省份后印发通知。

（二）部督导调研工作组召开内部碰头会。部督导调研工作组到达接受督导调研省份后，组长召集工作组内部碰头会，确定督导调研分工和工作计划，明确工作要求和工作纪律。

（三）与省级交通运输主管部门座谈交流。部督导调研组听取省级交通运输主管部门农村公路工作开展情况汇报，深入了解有关情况，随机抽取重点督导调研县后协商确定督导调研行程安排。

（四）查阅相关内业资料。按照督导调研相关内容，逐项查阅相关内业资料，并按评分标准对相关项目进行简要评价，提出评价等级建议。

（五）实地督导调研。以地方政府支持政策、“四好农村路”建设工作部署、争创“四好农村路示范县”等为重点，进行实地督导调研。听取地市、县级交通运输主管部门有关情况汇报，针对督导评分标准，完善对地市、县的评分项目。了解县级人民政府开展“四好农村路”建设的典型经验，深入乡村，实地调研农村公路发展存在的主要问题，听取基层意见和建议。

（六）向省级交通运输主管部门反馈意见。实地督导调研结束后，组长组织召开内部讨论会，汇总情况，确定督导评分，形成初步反馈意见，召开督导调研情况反馈会。

（七）通报情况。部工作组应在督导调研工作结束后三周内向部公路局报送督导调研报告，部在此基础上印发督导调研情况通报，抄送省级人民政府办公厅。

自查省份的工作程序参照上述程序执行。

四、有关要求

（一）有关省级交通运输主管部门应按照本方案相关要求准备汇报材料和相关内业资料。汇报材料应以“十二五”以来，特别是习近平总书记对农村公路作出重要批示以来，本辖区出台的农村公路的主要政策、采取的重要措施、取得的主要成效、推荐督导调研县的主要经验和做法，以及实现“十三五”规划目标所面临的主要问题和政策建议。相关内业资料应针对督导调研内容逐项准备，便于工作组查阅和评价。

（二）部督导调研工作组由组长统一领导，按照督导调研有关要求，严谨细致做好每项督导调研任务，按要求及时向部提交督导调研报告。相关省级交通运输主管部门应派熟悉农村公路工作的负责同志参与督导调研。

（三）部督导调研组提交部的资料包括督导调研报告、评分汇总表、评分记录表、县级“四好农村路”建设典型经验、各单位的汇报材料。督导调研报告应全面客观反映督导调研省份农村公路工作开展情况，字数控制在5000字以内，主要内容应包括：督导调研基本情况、主要做法和经验、重点任务的部署和落实情况、存在的主要问题和建议。需要重点介绍的亮点或需要说明的重要情况可以用附件详细介绍。自查省份向部提交的督导调研报告参照上述要求。

（四）督导调研过程中，请各地认真贯彻落实中央和部党组关于加强廉政建设、转变作风、勤俭节约的有关要求，按照“一切从简”的原则和有关规定安排公务接待。严禁弄虚作假、搞形式主义。严禁迎来送往，实地调研原则上只用一辆中巴车，严格限制陪同人员，严格执行公务餐标准，有条件的地方均安排自助餐或单位食堂工作餐。

部督导调研组要严格执行有关工作纪律，全面了解和客观评价督导调研省份工作开展情况，不得向接受督导调研的省份透露评分情况，不提与工作无关的任何要求，不接受任何形式的纪念品或礼品，不参加任何与公务无关的娱乐或观光活动。

部督导调研组人员交通食宿费用由派员单位按有关规定承担。

附件：督导内容和评分标准

附件

督导内容和评分标准

项目	内容	考核重点	评分标准
1. 2016 年中央一号文件、政府工作报告及交通运输更贴近民生实事落实(31)	1.1 新改建农村公路(8)	落实中央一号文件、政府工作报告要求,部署交通运输更贴近民生实事,实施新改建农村公路工程,推动一定人口规模的自然村通公路,落实新改建农村公路 20 万公里任务。	①根据部分解任务,已将年度任务分解到地市、县,且按照精准扶贫的要求,制定了新改建和一定人口规模自然村通公路规划等,得 3 分; ②根据部分解任务,已将年度任务分解到地市、县,但规划与精准扶贫要求不匹配的,得 1 分。
			省级农村公路建设资金配套补助情况。根据本年度部督导调研省份的配套比例综合评判。没有配套的为 0 分。其余 1 分起计,最高为 5 分。按内插法计算得分。
	1.2 通硬化路(4)	落实中央一号文件、政府工作报告要求,部署交通运输更贴近民生实事,推动具备条件的乡镇和建制村通硬化路,有 2020 年实现通硬化路率达到 100% 的基础。	①乡镇和建制村通硬化路率均达到 100% 的,得 4 分; ②本年度计划新增通硬化路乡镇和建制村数量不低于部分解任务计划,且以 2015 年底未通硬化路建制村总数为基数,本年度计划完成数量超过 25%,实地调研的地市、县进展符合计划进度,得 4 分;工作进度不符合计划安排的,得 3 分; ③本年度计划新增通硬化路乡镇和建制村数量不低于部分解任务计划,但本年度计划完成数量未超过 25%,实地调研的地市、县进展符合计划进度,得 2 分;工作进度不符合计划安排的,得 1 分。
	1.3 通客车(4)	落实中央一号文件、政府工作报告要求,部署交通运输更贴近民生实事,推动具备条件的乡镇和建制村通客车任务,有 2020 年实现通客车率达到 100% 的基础。	①乡镇和建制村通客车率均达到 100% 的,得 4 分; ②本年度计划新增通客车乡镇和建制村数量不低于部分解任务计划,且以 2015 年底未通客车建制村总数为基数,本年度计划完成数量超过 25%,实地调研的地市、县进展符合计划进度,得 4 分;工作进度不符合计划安排的,得 3 分; ③本年度计划新增通客车乡镇和建制村数量不低于部分解任务计划,但本年度计划完成数量未超过 25%,实地调研的地市、县进展符合计划进度,得 2 分;工作进度不符合计划安排的,得 1 分。

续上表

项目	内　容	考核重点	评分标准
1. 2016 年中央一号文件、政府工作报告及交通运输更贴近民生实事落实(31)	1.4　安保工程和危桥改造(4)	贯彻《国务院办公厅关于实施公路安全生命防护工程的意见》，部署交通运输更贴近民生实事，实施农村公路安全生命防护工程及危桥改造工程，有 2020 年实现县乡道安全隐患治理率达到 100%，危桥总数逐年下降的基础。	①根据部分解任务，已将年度任务分解到地市、县，且进展符合计划安排，年度改造和治理任务进度能够实现 2020 年县乡道安全隐患治理率达到 100%，危桥总数逐年下降的目标，得 2 分； ②根据部分解任务，已将年度任务分解到地市、县，制定了改造计划，但进展滞后于计划安排或任务量难以满足 2020 年工作目标要求，得 1 分。
			省级农村公路安保工程和危桥改造资金配套补助情况。根据本年度部督导调研省份的配套比例综合评判，最高为 2 分，最低 0 分。按内插法计算得分。
	1.5　养护资金(11)	贯彻中央一号文件、国务院办公厅《农村公路管理养护体制改革方案》、《农村公路养护管理办法》有关规定，将农村公路养护资金逐步纳入地方财政预算，建立农村公路养护管理资金的稳定来源渠道及增长机制。	①省级养护工程补助资金不低于“7351”的补助标准，新增农村公路里程纳入补助基数，且该省补资金专项用于农村公路养护工程，没有用于日常养护管理等经费支出，得 3 分； ②上述条件，有一项不满足扣 1 分。
			①省级向地市、县足额转移支付成品油消费税改革新增收入资金替代“拖养费”(含基数和增量部分)，得 2 分； ②仅有基数无增量的，得 1 分。
			①省级交通运输主管部门协调建立了省级补助资金“以奖代补”或其他形式的激励机制，调动各级政府加大养护管理投入的积极性，省补资金杠杆作用得到充分发挥，得 3 分； ②省级交通运输主管部门协调建立了省级补助资金“以奖代补”或其他形式的激励机制，但未能充分发挥杠杆作用的，得 1 分。

续上表

项目	内　　容	考核重点	评分标准
1. 2016 年中央一号文件、政府工作报告及交通运输更贴近民生实事落实(31)	1.5　养护资金(11)	贯彻中央一号文件、国务院办公厅《农村公路管理养护体制改革方案》、《农村公路养护管理办法》有关规定,将农村公路养护资金逐步纳入地方财政预算,建立农村公路养护管理资金的稳定来源渠道及增长机制。	①除专项转移支付外,省、市、县三级公共财政中均列支农村公路养护资金,并建立稳定增长机制,得 3 分; ②上述条件中,有一级政府未列支的,扣 0.5 分,有一级未建立增长机制的,扣 0.5 分。
2. 政策法规(17)	2.1　法规(4)	省级层面制定农村公路相关法规规章,使农村公路发展“有法可依”。	①省级层面有专门的农村公路条例,得 4 分; ②省级层面未制定农村公路条例,但在公路条例中有关于农村公路的专门篇章,得 3 分; ③省政府有关于农村公路的政府令,每项得 1 分,最多不超过 2 分。
	2.2　政策(4)	“十二五”以来,各级政府制定促进农村公路协调发展的政策,推动农村公路的发展由行业行为向政府行为转变。	省级政府发布有专门的支持农村公路建管养运协调发展的政策,或建设、养护、管理、运营各方面支持政策基本齐全,得 4 分;上述四方面,缺少一方面政策的,扣 1 分。
	2.3　“四好农村路”建设(5)	“四好农村路”建设活动部署周密,配套政策完善,推动示范县创建。	①省级政府推动“四好农村路”建设活动的开展,得 3 分; ②省级交通运输主管部门结合各地实际,对部发方案进行深化、细化,得 2 分; ③省级交通运输主管部门仅对部发方案进行转发,缺乏细化措施和可操作性,得 1 分; ④制定了“四好农村路”示范县的创建标准,确定以省级政府命名,有较为具体的激励政策,能调动县级政府争创示范县的积极性,促进“四好农村路”建设工作全面开展,2016 年底能够推出首批示范县。得 2 分; ⑤上述内容缺少一项,扣 0.5 分。

续上表

项目	内　容	考核重点	评分标准
2. 政策法规(17)	2.4　发展考核(4)	省级政府将农村公路发展纳入地方政府考核范围，促进县级人民政府落实主体责任。	①省级政府将农村公路相关工作任务纳入对市、县级政府的考核范围，得4分； ②省级政府无考核要求，省级交通运输主管部门制定考核制度，定期组织进行考核，并且针对考核结果采取奖惩措施，得2分； ③省级政府无考核要求，省级交通运输主管部门制定考核制度，组织进行考核，但缺乏奖惩措施，得1分。
3. 建设好(11)	3.1　建设质量(4)	农村公路建设质量制度齐全、监督检查组织规范、政府和建设单位监管责任落实到位，建设质量较高。	①农村公路建设质量管理制度完善，监督检查记录规范齐全，政府和建设单位监管责任落实到位，新改建农村公路一次交工验收合格率达到98%，得4分； ②农村公路建设质量管理制度完善，监督检查记录规范齐全，政府和建设单位监管责任落实到位，新改建农村公路一次交工验收合格率不足98%，但超过90%（含），按内插法计算得分，最少得2分，最多得3.5分； ③农村公路建设质量管理制度完善，监督检查记录规范齐全，政府和建设单位监管责任落实基本到位，新改建农村公路一次交工验收合格率不足90%，但超过60%（含），按内插法计算得分，最少得0分，最多得1.5分。
	3.2　“三同时”(4)	贯彻《国务院关于加强道路交通安全工作的意见》，落实“三同时”制度，并会同公安、安全监管等部门进行竣（交）工验收。	①省级制定相关政策或制度，地方贯彻有力，“三同时”制度落实严格，多部门联合进行竣（交）工验收，得4分； ②省级制定相关政策或制度，地方贯彻积极，“三同时”制度落实良好，部分公路实现多部门联合进行竣（交）工验收，得3分； ③省级制定相关政策或制度，但地方贯彻执行力度有待提升，得1分。

续上表

项目	内　　容	考 核 重 点	评 分 标 准
3. 建设好（11）	3.3　“七公开”（3）	贯彻落实《交通运输部关于推行农村公路建设“七公开”制度的意见》，使用财政资金建设的农村公路项目全部实现“七公开”。	①省级制定相关保障政策或制度，监督检查到位，整改措施具体，地方落实有力，应公开项目全部实现“七公开”，且公开方式明确、公开内容清晰，能够起到社会监督的作用，得3分； ②上述要求中，省级未制定相关保障政策或制度，扣3分，监督检查力度不足，扣1分，缺乏整改措施，扣0.5分，“七公开”的公开方式及公开内容有待改善，社会监督作用不明显，扣0.5分；应公开项目未全部实现“七公开”，扣1分。
4. 管理好（15）	4.1　机构人员（6）	县乡各级农村公路养护管理机构以及村级议事机制完善，人员完备，管理经费全部纳入地方政府财政预算。	①省级加强指导，提出完善养护管理机构的相关要求或制定保障政策，县、乡级农村公路管理机构及建制村村道管理议事机制完善、县、乡、村各级养护管理人员完备，管理经费全部纳入财政预算，得6分； ②上述要求中，省级未提出相关要求或未制定保障政策，扣1分；有一级养护管理机构或议事机制不完善的，扣0.5分；有一级养护管理人员不齐全的，扣0.5分；管理经费部分纳入财政预算的，扣1分，全部未纳入财政预算的，扣2分。
	4.2　公路保护（5）	贯彻落实《公路安全保护条例》，推广县统一执法，乡村协助执法的工作方式，农村公路超载超限治理、用地确权等工作实施顺利。	①省级统一部署农村公路路产保护工作，农村公路超载超限治理规范有序，用地确权工作有序推进，乡村道限高限宽设施齐全，爱路护路的乡规民约、村规民约完善，得5分； ②上述要求，省级未进行统一部署的，扣2分，其余各项有一项不满足的，扣0.5分。
	4.3　美丽农村路建设（4）	落实《国务院办公厅关于改善农村人居环境的指导意见》《国务院关于进一步加强新时期爱国卫生工作的意见》等文件精神，开展农村公路路域治理工作。	①在各级地方政府的统一领导下，大力开展农村公路路域环境整治工作。县级交通运输主管部门贯彻落实上级部署到位，已经实现县道“田路分家”、“路宅分家”，乡道、村道整治稳步有序开展，具备2020年完成整治的条件。得4分； ②上述要求中，县级交通运输主管部门未在当地政府统一领导下开展整治工作的，扣2分；未实现县道“田路分家”、“路宅分家”的，扣1分；乡道、村道环境治理开展不力的，扣1分。

续上表

项目	内　容	考核重点	评分标准
5. 养护好（15）	5.1　养护工程(3)	贯彻落实《农村公路养护管理办法》，大中修及改建工程严格执行相关管理程序，并按照有关的标准规范和规定进行设计、施工、验收等工作。	①省级农村公路养护工程管理制度齐全，地市、县级交通运输主管部门执行有力，农村公路养护工程规范有序开展，质量与安全能够得到保证，得 3 分； ②若制度不全、监督检查力度不足、养护总体处于被动养护状态、基层养护技术管理粗放、管理程序不规范、质量安全难以达到相关规定要求，每一项 0.5 分。
	5.2　有路必养，养必到位(6)	积极落实“有路必养、养必到位”的工作要求，农村公路列养率达到 100%，技术状况逐步提升。	落实日常养护经费和人员的农村公路占农村公路总里程的比例达到 100%，得 3 分；未达到的，按内插法计算得分。 农村公路中等及以上比例达到 75%，得 3 分，未达到的，按照内插法计算得分。
	5.3　路况评定(4)	贯彻落实《农村公路养护管理办法》开展农村公路技术状况评定，加快决策科学化进程。	①省级交通运输主管部门进行统一部署，采用自动化快速检测设备开展农村公路技术状况评定工作，并充分利用评定结果，安排养护工程，使农村公路养护决策有据可依，得 4 分； ②省级尚未对自动化快速检测工作进行部署、路况指数基本为人为判断、省级难以掌握本辖区农村公路路况真实水平、地方未将路况评定结果作为养护工程资金申请和科学决策依据的，每项扣 1 分。
	5.4　创新发展(2)	推动农村公路向规范化、专业化、机械化、市场化的方向发展。	对养护工作的综合评价，分别从规范化程度、养护专业化水平、机械化水平、科学合理的市场化水平四个方面进行评价，每项 0.5 分；若水平较高按满分考虑；若方向明确，但处于起步阶段，且一些地方已较好落实，则按 0.25 分评分，否则不得分。

续上表

项目	内　　容	考核重点	评分标准
6. 运营好(6)	6.1　城乡客运一体化(3)	加强城乡客运一体化建设，全面推动客运一体化发展水平达到AAA级以上(含)。	①制定有相关的保障政策和工作计划，且工作进展符合计划安排，得3分； ②制定有相关的保障政策和工作计划，但工作进展滞后于计划安排，得2分； ③制定有相关的保障政策，但无具体的工作计划，得1分。
	6.2　物流网络建设(3)	加强农村物流体系建设，基本建成覆盖县、乡、村三级的物流网络。	①制定有相关的保障政策和工作计划，且工作进展符合计划安排，得3分； ②制定有相关的保障政策和工作计划，但工作进展滞后于计划安排，得2分； ③制定有相关的保障政策，但无具体的工作计划，得1分。
7. 综合评价(5)		贯彻五大发展理念，落实全国农村公路现场会重要精神，在农村公路发展中做到“五个坚持、五个确保”。	①坚持政府主导，确保农村公路发展责任落实到位。综合评价农村公路发展的政府主导水平。若各级政府职责清晰，政府支持力度大，县级人民政府主体责任落实到位，乡镇、村委会和村民的作用均有所发挥，优秀得1分，良得0.5分，一般得0.2分； ②坚持改革创新，确保提质增效升级迈上新台阶。改革和创新成为农村公路发展的持续动力，体制顺畅，运行高效，能够适应新形势要求，加快实现“四个转变”，优秀得1分，良得0.5分，一般得0.2分； ③坚持民生优先，确保全面建成小康社会的战略目标如其实现。贯彻中央精准扶贫、精准脱贫的要求，全力推进贫困地区农村公路建设，能够实现“兜底线”的部署。同时，高度重视农村公路与促进农村经济社会发展的关联作用，精准发力，让群众切实得到农村公路发展带来的普惠作用，较好体现“惠民生”的导向。优秀得1分，良得0.5分，一般得0.2分。

续上表

项目	内　　容	考 核 重 点	评 分 标 准
7. 综合评价(5)		贯彻五大发展理念,落实全国农村公路现场会重要精神,在农村公路发展中做到“五个坚持、五个确保”。	④坚持协调发展,确保“四好农村路”取得显著成效。统筹建、管、养、运协调发展,统筹行业和地方政府、社会力量,统筹政府和市场,形成促进“四好农村路”建设的合力。优秀得1分,良得0.5分,一般得0.2分; ⑤坚持安全绿色,确保农村公路走上可持续发展道路。农村公路发展的技术体系健全,质量和安全得到有效保障。绿色发展理念深入人心,使农村公路与自然环境相和谐,大力开展“美丽农村路”活动,在地方政府的统一领导下,全面整治路域环境,为“美丽乡村”当好“排头兵”,当好先行。优秀得1分,良得0.5分,一般得0.2分。

3.“四好农村路”督导考评办法

（2017 年 1 月 18 日　交公路发〔2017〕11 号）

第一章　总　　则

第一条　为进一步把农村公路建好、管好、护好、运营好，建立健全督导考评体系，根据《中华人民共和国公路法》、《公路安全保护条例》、《道路运输条例》、《农村公路建设管理办法》、《农村公路养护管理办法》等法律法规规章，制定本办法。

第二条　本办法适用于对中央确定的农村公路发展任务，以及部、省、市、县确定相关任务、目标和主要政策落实情况的督导考评工作。

第三条　督导考评应当遵循科学评价、突出重点、奖优罚劣的原则。

第四条　督导考评实行逐级督导考评制，原则上分为部、省、市、县四个级。

部级督导考评对象为省级交通运输主管部门，省级督导考评对象为市级交通运输主管部门或县级交通运输主管部门，市级督导考评对象为县级交通运输主管部门，县级督导考评对象为乡道、村道的管理单位。

第五条　交通运输部负责部级督导考评的组织实施，指导全国督导考评工作。

省级交通运输主管部门负责省级督导考评的组织实施，协助、配合部级督导考评工作，监督指导本辖区督导考评工作。

省级以下督导考评规则由省级交通运输主管部门制定。

第六条 各级交通运输主管部门应当定期开展督导考评工作，突出目标导向和结果导向，推动重点任务完成和政策落实，强化行业管理，不断提升“四好农村路”服务“三农”和脱贫攻坚的能力和水平。

第七条 各级交通运输主管部门应当积极将“四好农村路”工作纳入地方政府目标考核体系。

第二章 督导考评内容

第八条 部级督导考评内容包括中央年度任务落实情况、政策法规保障情况，以及农村公路建设、管理、养护、运营等方面。

省级及以下督导考评内容由各级交通运输主管部门在上级督导考评内容基础上，结合本地区实际确定。

第九条 中央年度任务落实以任务分解、监督实施、督促整改为考评重点，主要包括中央一号文件、国务院政府工作报告和部确定的“四好农村路”年度工作任务等。

第十条 政策法规保障考评以国家政策落实和相关制度制定情况为考评重点，主要包括以下几个方面：

（一）“四好农村路”相关法律法规规章落实情况。

（二）省级“四好农村路”法规和规章制定情况。

（三）争取省级政府出台“四好农村路”支持政策和纳

入地方政府绩效考核情况。

（四）“四好农村路”工作安排部署、组织推动、示范县创建和政策激励等情况。

第十一条 “建设好”以资金投入和行业管理等为考评重点，主要包括以下几个方面：

（一）建设资金筹集、建设任务落实和服务农村经济社会发展情况。

（二）生命安全防护和危桥改造工程开展情况。

（三）行业监督管理和基本建设程序规范情况，建设质量管理的制度体系完善情况，整改措施落实和建设标准、质量达标等情况。

（四）“三同时”“七公开”制度落实情况。

第十二条 “管理好”以机构人员配备、路产保护和路域治理等为考评重点，主要包括以下几个方面：

（一）县、乡农村公路管理机构和村级议事机制完善情况，管理机构和人员经费纳入地方政府财政预算情况。

（二）路政、运政行业管理情况。

（三）路产路权保护的部署和落实情况，推进超载超限治理、用地确权等情况，爱路护路乡规民约、村规民约制定和执行情况。

（四）路域环境治理情况，“路田分家”、“路宅分家”情况。

第十三条 “养护好”以资金保障、养护工程开展、路况水平和行业管理等为考评重点，主要包括以下几个方面：

（一）《农村公路养护管理办法》规定的养护资金相关

政策落实情况。

（二）列养率和大中修工程开展情况，优、良、中等路率目标完成情况。

（三）路况检测、评定和决策科学化情况，养护台账情况。

（四）养护管理规范化、市场化、专业化情况。

第十四条 “运营好”以客货运发展情况为考评重点，主要包括以下几个方面：

（一）具备条件的乡镇、建制村通客车情况。

（二）农村客运班线安全通行条件审核情况。

（三）城乡客运一体化发展情况。

（四）覆盖县、乡、村三级的农村物流体系建设情况。

第十五条 部级督导考评根据农村公路发展阶段，选取可量化、可评价、典型性的指标，评分标准在每年交通运输部制定的督导考评实施方案中予以明确。

第三章 督导考评实施

第十六条 督导考评工作流程原则上按印发督导通知、组成督导考评工作组、实地督导考评、印发督导考评情况通报的程序进行。

第十七条 督导考评实行督导考评工作组负责制。

部级督导考评由交通运输部从各地抽调负责农村公路工作的专家组成部督导考评工作组。组长由部内相关司局或委托省级交通运输主管部门负责同志担任。

省级及以下督导考评由当地交通运输主管部门组织，可采用自检、交叉互检、委托第三方检查或检测等方式。组长原则上由相关交通运输主管部门负责同志担任。

第十八条 交通运输部根据全国“四好农村路”开展情况，在每年一季度确定部级督导考评省份和实施方案，每个省份至少实地督导分属不同地市的两个县。其中，一个县由受检查省份推荐，一个县由部督导考评工作组选定。

省级及以下督导考评对象和实地督导相关要求由各级交通运输主管部门确定。

第十九条 实地督导考评一般采用座谈了解、检查内业资料、数据核算、现场检测或检查的方法，并按照评分标准打分，准确客观进行考评。

第二十条 督导考评工作组应与受检单位交换督导考评意见。

第四章 督导考评结果运用

第二十一条 部级督导考评结果由交通运输部向省级交通运输主管部门通报，抄送省级人民政府办公厅。

省级及以下督导考评结果通报方式由省级交通运输主管部门确定。

第二十二条 省级交通运输主管部门应在接到督导考评通报的两个月内向交通运输部反馈整改方案，并根据整改进展及时报告阶段性成果。

第二十三条 部级督导考评结果作为交通运输部评判各地“四好农村路”开展情况的主要依据。

对年度任务落实不力，进度严重滞后，以及在督导考评中弄虚作假的，交通运输部将予以通报批评，并采取相应惩戒措施。

第二十四条 省级交通运输主管部门应当建立健全督导考评结果与投资和荣誉等相挂钩的奖惩机制，充分发挥督导考评结果的激励作用。

第五章 附 则

第二十五条 省级交通运输主管部门应根据本办法制定实施细则，指导市县落实本办法相关规定。

第二十六条 本办法由交通运输部公路局负责解释。

第二十七条 本办法自 2017 年 1 月 18 日起施行。

4. 2017年“四好农村路”交通扶贫督导考评方案

（2017年4月7日 交公路函〔2017〕269号）

根据《国务院办公厅关于推广随机抽查规范事中事后监管的通知》《“四好农村路”督导考评办法》《关于进一步发挥交通扶贫脱贫攻坚基础支撑作用的实施意见》，制定本方案。

一、主要内容

督导考评的内容主要包括中央确定的“四好农村路”交通扶贫年度目标任务的分解、监督实施、督促整改，国家相关政策的落实和保障政策的制定，以及交通扶贫和农村公路建设、管理、养护、运营等工作开展情况，同时调研了解各地工作推进中的典型经验、突出问题和意见建议。

督导考评以省级层面的法规、政策、资金及责任落实和相关安排部署情况为主，并按标准进行评分。评分结果作为部评判各地“四好农村路”交通扶贫开展情况的主要依据。

督导考评内容和评分标准见附件1。

二、总体安排

督导考评分部级实地督导考评和省级自查自评。

部级督导考评拟在4—10月进行，第一批4—7月，实地督导考评广西、贵州、辽宁，第二批8—11月，实地督导考评山西、云南、西藏，具体时间另行通知。每个省份实地督导两个地市各一个县。其中一个县由所在省份推荐，另一个县由督导考评工作组实地随机抽取。

省级自查自评由省级交通运输主管部门自行组织，于10月底前完成，并按要求向部提交自查报告。各地要参照部级督导考评组织方式，尽快制定实施方案，鼓励引进第三方机构进行评价。

三、部级督导考评工作程序

（一）成立部级督导考评工作组。

部组成部级督导考评工作组，工作组组长由部相关司局或委托省级交通运输主管部门负责同志担任，成员从各地抽调负责农村公路交通扶贫工作的具体负责同志和有关专家组成，人数控制在8人以内。商接受部级督导考评省份后印发通知。

（二）部工作组召开内部碰头会。

部工作组到达接受督导考评省份后，组长召集内部碰头会，确定督导考评分工和工作计划，提出工作要求和工作纪律，抽取一个实地督导县，每个县抽取不少于2个2016年或2017年开工建设项目（跨乡镇或分属不同乡镇，项目所在乡镇公路管埋机构作为重点调研对象）。

（三）与省级交通运输主管部门座谈交流。

部督导考评工作组听取省级交通运输主管部门农村公路和交通扶贫工作开展情况汇报，深入了解有关情况，协商确定行程安排。

（四）查阅相关内业资料。

按照督导考评内容，逐项查阅相关内业资料，并按评分标准进行评分。

（五）实地督导考评。

实地督导考评推荐县和随机抽取县。对地市级重点督导地方政府支持政策、指导和推进“四好农村路”以及交通扶贫情况；对县级重点督导县级人民政府主体责任落实情况、“四好农村路”建设工作成效、交通扶贫工作任务进展、“四好农村路示范县”创建情况，了解县级人民政府开展“四好农村路”建设的典型经验。深入乡村，实地核查有关建设项目，每个县至少实地调研1个县级和2个乡镇级农村公路管理机构，听取基层意见和建议。

（六）反馈意见。

实地督导考评结束后，组长组织召开内部讨论会，汇总情况，确定督导评分，形成初步反馈意见，向省级交通运输主管部门反馈。

（七）通报情况。

部级督导考评工作结束后印发情况通报，抄送省级人民政府办公厅。

省级自查自评参照上述程序执行。

四、有关要求

部、省级“四好农村路”交通扶贫督导考评县、新改建项目和乡镇公路管理机构均现场随机确定。各省级交通运输主管部门要全面动员、精心组织、认真准备，要通过督导考评，切实起到推动工作，圆满完成各项重点工作任务的目的。具体要求如下：

（一）所有省级交通运输主管部门均要组织各地填报《2016年农村公路新改建资金来源到位情况表》《2016年农村公路养护资金情况表》（见附件2、3），并于5月26日前报部公路局，以全面摸清新改建和养护资金现状，为国家制定相关政策提供参考。

（二）接受部级督导考评省份准备工作要求。一是准备汇报材料。汇报材料以十八大以来，特别是习近平总书记对农村公路作出重要批示以来，本辖区出台的农村公路和交通扶贫的主要政策、采取的重要措施、取得的主要成效、存在的主要问题和意见建议。二是在认真总结和分析农村公路养护管理工作基础上，对《农村公路管理养护体制改革方案》（国办发〔2005〕49号）的修订工作提出意见建议。三是对照督导考评内容和评分标准，逐项准备内业资料，便于部工作组查阅和考评。四是填写自查检查记录表（随督导通知印发），并在接到督导考评通知后一周内将电子版报部。

（三）接受部级督导考评地市和县准备工作。地市和县汇报的内业资料核查原则上统一安排在接受督导县进行，内业资料准备参照对省级的要求。地市汇报材料重点围绕争取政府支持政策情况、市级农村公路管理机构作用发挥情况、本辖区“四好农村路”交通扶贫工作开展情况、指导“四好农村路”示范县创建情况以及有关意见建议等；县级汇报材料重点围绕县级人民政府主体责任落实情况、本辖区“四好农村路”交通扶贫工作进展、争创“四好农村路”示范县情况、随机抽取的实地核查项目有关情况以及有关意见建议等。部督导组抵达实地后，接受部级督导考评地市提交检查记录表和《2016 年农村公路新改建资金来源到位情况表》《2016 年农村公路养护资金情况表》（见附件 2、3），县提交检查记录表和《2016 年农村公路新改建资金来源到位情况表》《2016 年农村公路养护资金情况表》《××县交通运输局及所属机构调查提纲》（见附件 2、3、4）。

（四）省级自查自评材料报送要求。包括自查自评报告、评分汇总表、评分记录表、有关县级“四好农村路”建设典型经验等。自评报告主要内容包括：“四好农村路”交通扶贫工作开展基本情况、主要做法和经验、重点任务的部署和落实情况、存在的主要问题和建议。需要重点介绍的典型经验可用附件。

（五）部级督导考评工作组要求。参加部级督导考评的省份应派熟悉农村公路的负责同志参加，由组长统一领导。各成员应按照职责分工，对照标准认真做好督导考评工作，不得向接受督导考评的省份透露评分情况，不提与工作无关的任何要求，不接受任何形式的纪念品或礼品，不参加任何与公务无关的娱乐或观光活动。工作组成员交通食宿费用由派员单位按有关规定承担。

（六）接待工作要求。实地督导考评接待工作要按照“一切从简”原则，严格落实中央八项规定精神及有关要求，不安排迎送及列队欢迎，现场及会场等场合不摆鲜花、标语（含电子显示屏）、会标、水果、高档资料袋等。住宿按规定标准安排，不单独提供洗漱用品。接待指南用普通 A4 纸打印。实地督导用一辆中巴车，尽量减少陪同人员人数，严禁层层陪同。接送站不超过 2 人。用餐在宾馆或食堂安排自助餐，没有自助餐条件的安排简单工作餐。

附件 1：督导内容和评分标准

附件 2：2016 年农村公路新改建资金来源到位情况表

附件 3：2016 年农村公路养护资金情况表

附件 4：××县交通运输局及所属机构调查提纲

附件 1

督导内容和评分标准

项目	内容	考核重点	评分标准
1.2017年度党中央、国务院交办的重点任务、交通运输更贴近民生实事任务落实情况(16)	1.1 新改建农村公路(4)	落实新改建农村公路20万公里任务,支持贫困地区对30000公里窄路基路面公路加宽改造和7000公里资源路、旅游路、产业路改造建设。	①本年度计划新改建农村公路里程不低于部分解任务计划,已将年度任务分解到地市、县,实地调研县市建设进展符合进度要求,得4分; ②本年度计划新改建农村公路里程不低于部分解任务计划,已将年度任务分解到地市、县,实地调研县市建设进展滞后进度要求,得2分; ③本年度计划新改建农村公路里程低于部分解任务计划,已将年度任务分解到地市、县,实地调研县市建设进展符合进度要求,得1分; ④本年度计划新改建农村公路里程低于部分解任务计划,未将年度任务分解到地市、县,或已将年度任务分解到地市、县,实地调研县市建设进展滞后进度要求,不得分。
	1.2 通硬化路(4)	加快完善贫困地区交通基础网络,解决贫困地区50个乡镇、7000个建制村、4500个撤并建制村通硬化路。到2020年实现具备条件的乡镇和建制村通硬化路率达到100%。	①乡镇和建制村通硬化路率均达到100%,或本年度新增通硬化路乡镇和建制村部未分解任务,或本年度计划新增通硬化路乡镇和建制村数量不低于部分解任务计划,已将年度任务分解到地市、县,实地调研的地市、县进展符合计划进度,得4分; ②本年度计划新增通硬化路乡镇和建制村数量不低于部分解任务计划,已将年度任务分解到地市、县,实地调研的地市、县工作进度滞后计划安排,得2分; ③本年度计划新增通硬化路乡镇和建制村数量低于部分解任务计划,已将年度任务分解到地市、县,实地调研的地市、县进展符合计划进度,得1分; ④本年度计划新增通硬化路乡镇和建制村数量低于部分解任务计划,未将年度任务分解到地市、县,或已将年度任务分解到地市、县,实地调研县市建设进展滞后进度要求,不得分。

续上表

项目	内容	考核重点	评分标准
1.2017年度党中央、国务院交办的重点任务、交通运输更贴近民生实事任务落实情况(16)	1.3 通客车(4)	落实新增通客车建制村4000个任务,到2020年实现具备条件的乡镇和建制村通客车率达到100%。	①乡镇和建制村通客车率均达到100%,或本年度新增通客车建制村部未分解任务,或本年度计划新增通客车建制村数量不低于部分解任务计划,已将年度任务分解到地市、县,实地调研的地市、县进展符合计划进度,得4分; ②本年度计划新增通客车建制村数量不低于部分解任务计划,已将年度任务分解到地市、县,实地调研的地市、县工作进度滞后计划安排,得2分; ③本年度计划新增通客车建制村数量低于部分解任务计划,已将年度任务分解到地市、县,实地调研的地市、县进展符合计划进度,得1分; ④本年度计划新增通客车建制村数量低于部分解任务计划,未将年度任务分解到地市、县,或已将年度任务分解到地市、县,实地调研县市建设进展滞后进度要求,不得分。
	1.4 安保工程和危桥改造(4)	落实实施公路安全生命防护工程10.5万公里和危桥改造3800座的任务,到2020年实现县乡道安全隐患治理率达到100%,危桥总数逐年下降。	①本年度实施农村公路安全生命防护工程里程和危桥改造数量不低于部分解任务计划,已将年度任务分解到地市、县,实地调研的地市、县进展符合计划进度,得4分; ②本年度实施农村公路安全生命防护工程里程和危桥改造数量不低于部分解任务计划,已将年度任务分解到地市、县,实地调研的地市、县进展滞后于计划安排,得2分; ③本年度实施农村公路安全生命防护工程里程和危桥改造数量低于部分解任务计划,已将年度任务分解到地市、县,实地调研的地市、县进展符合计划进度,得1分; ④本年度实施农村公路安全生命防护工程里程和危桥改造数量低于部分解任务计划,未将年度任务分解到地市、县,或已将年度任务分解到地市、县,实地调研县市建设进展滞后进度要求,不得分。

续上表

项目	内容	考核重点	评分标准
2.政策法规(18)	2.1 法规(3)	省级层面制定农村公路相关法规规章，使农村公路发展“有法可依”。	①省级层面有专门的农村公路条例，得3分； ②省级层面未制定农村公路条例，但在公路条例中有关于农村公路的专门篇章，得2分； ③省政府有关于农村公路的政府令，每项得1分，最多不超过2分。
	2.2 政策(4)	“十八大”以来，各级政府制定促进农村公路协调发展的政策情况，推动农村公路的发展由行业行为向政府行为转变。	省级政府发布有专门的支持农村公路建管养运协调发展的政策，或建设、养护、管理、运营各方面支持政策基本齐全，得4分；上述四方面，缺少一方面政策，扣1分。
	2.3 部省共建协议(3)	落实《中共中央　国务院关于打赢脱贫攻坚战的决定》部省共建协议省级支持农村公路发展的有关政策落实情况。	①部省协议中省级政府承诺支持农村公路发展的有关政策落实到位的，得3分； ②部省协议中省级政府承诺支持农村公路发展的有关政策，每存在1项未落实，扣1分，最多扣3分。
	2.4 “四好农村路”示范县(5)	“四好农村路”建设活动部署周密，配套政策完善，推动示范县创建。	①省级“四好农村路”示范县创建活动扎实开展，以省政府名义或联合命名“四好农村路”示范县的，得3分； ②开展了“四好农村路”示范县创建活动，以省厅名义命名“四好农村路”示范县的，得1分； ③3月底前，尚未推出第一批“四好农村路”示范县的，得0分。
			①制定了“四好农村路”示范县较为具体的激励政策，有明确的资金或项目奖励，调动地方政府积极性成效显著，促进“四好农村路”工作全面开展，得2分； ②制定了“四好农村路”示范县的激励政策，能够调动地方政府积极性，但未明确资金或项目奖励的，得1分； ③未制定“四好农村路”示范县激励政策的，本项不得分。

续上表

项目	内容	考核重点	评分标准
2. 政策法规(18)	2.5 发展考核(3)	省级政府将“四好农村路”交通扶贫发展纳入地方政府考核范围，促进县级人民政府落实主体责任。	①省级政府对市、县级政府绩效考核中同时明确“四好农村路”和交通扶贫工作要求，得3分； ②“四好农村路”或交通扶贫工作有一项纳入省级政府对市、县政府绩效考核的，得1分；省级政府无考核要求，但省级交通运输主管部门制定考核制度、定期组织进行考核，并且针对考核结果采取相应的奖惩措施，得1分； ③省级政府和省级交通运输主管部门均无考核要求，或省级交通运输主管部门有考核制度，但无奖惩措施的，本项不得分。
3. 建设好(16)	3.1 建设资金(4)	地方政府对农村公路建设支持有力，完善农村公路建设资金筹措机制。	地方农村公路建设资金配套补助情况。根据本年度部督导考评省份的配套比例综合评判。最高为4分，最低为0分。按内插法计算得分。
	3.2 管理规范（2）	农村公路建设管理制度体系完善，政府和建设单位监管责任落实到位。	①农村公路建设管理制度完善，政府和建设单位监管责任落实到位，监督检查记录规范齐全，得2分； ②农村公路建设管理制度不完善，扣1分；政府或建设单位管理责任落实不到位，扣1分。
	3.3 质量安全(3)	农村公路建设质量达标，杜绝建设安全事故。	①新改建农村公路一次交工验收合格率达到98%，得3分； ②新改建农村公路一次交工验收合格率不足98%，但超过90%（含），按内插法计算得分，最少得2分； ③新改建农村公路一次交工验收合格率不足90%，本项不得分； ④每发生1起较大建设安全事故扣1分；发生3起以上较大建设安全事故，或发生重大以上建设安全事故，本项不得分。

续上表

项目	内容	考核重点	评分标准
3. 建设好（16）	3.4 项目实施(3)	随机抽查2016年或2017年车购税补助农村公路建设项目建设完成情况。	①实地抽查的2016年或2017年车购税补助农村公路建设项目工程进度、建设内容符合计划安排，建设管理规范，质量验收合格，验收合格后及时纳入养护，得3分； ②核查单个项目时，以下问题每存在一处扣0.5分，最多扣3分：工程进度落后计划安排，建设管理不规范、内业资料不齐全，质量验收不合格，验收合格后未及时纳入养护； ③有一个项目建设内容不符合计划安排的，本项不得分。
	3.5 “三同时”(2)	贯彻《国务院关于加强道路交通安全工作的意见》，落实“三同时”制度，并会同公安、安全监管等部门进行竣(交)工验收。	①省级制定了相关的政策或制度，地方贯彻有力，“三同时”制度落实严格，多部门联合进行竣(交)工验收，得2分； ②根据受检项目现场检查情况，每存在一个项目交通安全、排水、防护等设施不齐全的，扣0.5分，最多扣1分；每存在一个项目未实行多部门联合竣(交)工验收的，扣0.5分，最多扣1分。
	3.6 “七公开”(2)	贯彻落实《交通运输部关于推行农村公路建设“七公开”制度的意见》，使用财政资金建设的农村公路项目全部实现“七公开”。	①省级制定相关保障政策或制度，地方落实有力，应公开项目全部实现“七公开”，且公开方式明确、公开内容齐全，能够起到社会监督的作用，得2分； ②受检项目中，每存在一个项目公开内容欠缺，或公开方式不当，扣0.5分，每存在一个项目未实行“七公开”，扣1分，最多扣2分； ③省级未制定相关保障政策或制度，本项不得分。

续上表

项目	内容	考核重点	评分标准
4. 管理好(14)	4.1 机构人员(6)	县乡各级农村公路养护管理机构以及村级议事机制完善，人员完备，管理经费全部纳入地方政府财政预算。	①省级加强指导，提出完善养护管理机构的相关要求或制定保障政策，县、乡级农村公路管理机构及建制村村道管理议事机制完善，县、乡、村各级养护管理人员完备，管理运行经费和人员工资全部纳入财政预算，得6分； ②上述要求中，省级未提出相关要求或未制定保障政策，扣1分；有一级养护管理机构或议事机制不完善的，扣0.5分；有一级养护管理人员不齐全的，扣0.5分；管理运行经费和人员工资部分纳入财政预算的，根据纳入比例，按内插法扣分，全部未纳入财政预算的，扣2分。
	4.2 路政运政(2)	路政、运政行业管理制度齐全，管理规范。	①省级有关农村公路路政和运政行业管理制度齐全，得2分； ②农村公路路政或运政行业管理制度有一项缺失，扣1分。
	4.3 公路保护(3)	贯彻落实《公路安全保护条例》，推广县统一执法，乡村协助执法的工作方式，农村公路超载超限治理、月地确权等工作实施顺利。	①省级统一部署农村公路路产保护工作，农村公路超载超限治理规范有序，用地确权工作有序推进，乡村道限高限宽设施齐全，爱路护路的乡规民约、村规民约完善，得3分； ②上述要求，省级未进行统一部署的，扣1分，其余各项有一项不满足的，扣0.5分。
	4.4 美丽农村路建设(3)	落实《国务院办公厅关于改善农村人居环境的指导意见》《国务院关于进一步加强新时期爱国卫生工作的意见》等文件精神，开展农村公路路域治理工作。	①在各级地方政府的统一领导下，大力开展农村公路路域环境整治工作。县级交通运输主管部门贯彻落实上级部署到位，已经实现县道“田路分家”、“路宅分家”，乡道、村道整治稳步有序开展，得3分； ②上述要求中，县级交通运输主管部门未在当地政府统一领导下开展整治工作的，扣2分；未实现县道“田路分家”、“路宅分家”的，扣1分；乡道、村道环境治理开展不力的，扣1分。

续上表

项目	内容	考核重点	评分标准
5. 养护好（21）	5.1 养护资金（10）	贯彻落实国务院办公厅《农村公路管理养护体制改革方案》、《农村公路养护管理办法》有关规定，将农村公路养护资金逐步纳入地方财政预算，建立农村公路养护管理资金的稳定来源渠道及增长机制。	①省级养护工程补助资金不低于“7351”的补助标准，新增农村公路里程纳入补助基数，省补资金专项用于农村公路养护工程，未在日常养护或管理运营等经费中列支，得3分； ②上述条件，有一项不满足扣1分。
			①省级向地市、县足额转移支付成品油消费税改革新增收入资金替代“拖养费”（含基数和增量部分），得2分； ②仅有基数无增量的，得1分； ③未转移支付成品油消费税改革新增收入资金替代“拖养费”，本项不得分。
			①省级交通运输主管部门协调建立了省级补助资金“以奖代补”或其他形式的激励机制，调动各级政府加大养护管理投入的积极性，受检县本级财政投入超过省市两级补助总额50%的，得2分； ②省级交通运输主管部门协调建立了省级补助资金“以奖代补”或其他形式的激励机制，受检县本级财政投入低于省市级补助总额50%的，得1分； ③未协调建立省级补助资金“以奖代补”或其他形式的激励机制，本项不得分。
			①除专项转移支付外，省、市、县三级公共财政中均列支农村公路养护资金，并建立稳定增长机制，得3分； ②上述条件中，有一级政府未列支的，扣0.5分，有一级未建立增长机制的，扣0.5分。

续上表

项目	内容	考核重点	评分标准
5. 养护好（21）	5.2 养护工程（4）	贯彻落实《农村公路养护管理办法》，根据路况水平实施一定比例大中修及改建工程，并严格按照相关管理程序执行，按照标准规范和规定进行设计、施工、验收等工作。	①省级农村公路养护工程管理制度齐全，地市、县级交通运输主管部门执行有力，农村公路养护工程规范有序开展，质量与安全能够得到保证，农村公路实施大中修比例不低于5%，得4分； ②上述条件中，省级农村公路养护工程管理制度不全，扣0.5分，地市、县级交通运输主管部门执行不力，或农村公路养护工程管理粗放，或质量安全难以达到相关规定要求，扣0.5分； ③农村公路大中修比例低于5%的，按照0～4分进行内插法计算得分，结果保留一位小数。
	5.3 有路必养，养必到位（4）	积极落实“有路必养、养必到位”的工作要求，农村公路列养率达到100%，技术状况逐步提升。	落实日常养护经费和人员的农村公路占农村公路总里程的比例达到100%，得2分；未达到的，按内插法计算得分。 农村公路中等及以上比例达到75%，得2分，未达到的，按照内插法计算得分。
	5.4 路况评定（3）	贯彻落实《农村公路养护管理办法》，开展农村公路技术状况评定，加快决策科学化进程。	①省级交通运输主管部门进行统一部署，制定适用于农村公路技术状况评定标准，开展农村公路技术状况评定工作，科学利用评定结果，安排养护工程，确保农村公路养护决策有据可依，得3分； ②上述条件中，省级交通运输主管部门未制定适用于农村公路技术状况评定标准，扣1分，未进行路况检测，省级难以掌握本辖区农村公路路况真实水平，扣1分，未将路况评定结果作为养护工程资金申请和科学决策依据的，扣1分。

续上表

项目	内容	考核重点	评分标准
6.运营好（10）	6.1 客运安全（2）	建立农村客运班线安全通行条件审核机制。	①县级有关部门联合建立农村客运班线通行条件审核机制，并对新增农村客运班线实行通行条件审核的县比例达到90%（含）的，得2分； ②县级有关部门联合建立农村客运班线通行条件审核机制，并对新增农村客运班线实行通行条件审核的县比例为60%（含）~90%（不含）的，得1分； ③县级有关部门联合建立农村客运班线通行条件审核机制，并对新增农村客运班线实行通行条件审核的县比例低于60%（不含）的，不得分。
	6.2 城乡客运一体化（4）	加快推进城乡客运一体化建设，促进城乡客运筹协调发展。	①省级城乡道路客运一体化发展综合分值达到800分以上的，得4分； ②省级城乡道路客运一体化发展综合分值达到700~799分的，得3分； ③省级城乡道路客运一体化发展综合分值达到600~699分的，得2分； ④省级城乡道路客运一体化发展综合分值达到500~599分的，得1分； ⑤省级城乡道路客运一体化发展综合分值低于500分的，不得分。
	6.3 物流网络建设（2）	贯彻落实《交通运输部办公厅关于进一步加强农村物流网络节点体系建设的通知》要求，基本建成覆盖县、乡、村三级的物流网络。	①省级制定农村物流网络节点建设标准，出台对农村物流站场的资金支持政策，发布农村物流站点统一标识，县级编制农村物流三级网络节点体系发展规划，得2分； ②上述条件中，省级交通运输主管部门未制定农村物流网络节点建设标准（包括农村物流站点统一标识）的，扣1分，未出台农村物流站场资金支持政策的，扣0.5分，县级交通运输主管部门未编制农村物流三级网络节点体系发展规划，扣0.5分。

续上表

项目	内容	考核重点	评分标准
6. 运营好(10)	6.4 乡镇客运综合服务站建设(2)	纳入部资金支持的乡镇客运综合服务站标准化率达到100%。	①按照《农村物流网络节点体系建设指南》的要求，省级制定乡镇客运综合服务站建设标准和验收要求，纳入部支持范围的乡镇客运综合服务站，全部验收合格，并悬挂全省农村站点统一标识，得2分； ②上述条件中，省级交通运输主管部门未制定乡镇客运综合服务站建设标准和验收要求的，扣1分，纳入部支持范围的乡镇客运综合服务站，验收合格率低于80%的，扣0.5分，站场验收合格，但未悬挂全省统一标识的，扣0.5分。
7. 工作落实(5)		落实部党组工作要求坚决有力，及时报送工作总结和典型工作经验，“四好农村路”和交通扶贫工作开展卓有成效。	①2016年“四好农村路”督导考评组织有力，成效显著且自查报告报送及时得2分，一般或自查报告报送不及时得1分，自查流于形式或自查报告未报送不得分； ②信息报送及时，宣传效果好，2016年涉及农村公路或交通扶贫的工作信息每被部《每日快报》《要情》采用一篇得0.2分，被《情况与交流》《专报》采用一篇得0.5分，本项得分最高为2分； ③2016年在部省召开的涉及农村公路和交通扶贫的现场会、电视电话会上作典型经验交流的，得1分。

附件 2

2016 年农村公路新改建资金来源到位情况表

填报单位(项目):

指标		单位	金额
农村公路年度投资目标任务		万元	
农村公路年度完成投资额		万元	
农村公路年度建设资金实际到位额		万元	
中央资金投入	**中央实际到位资金小计**	万元	
	其中:车购税	万元	
	中央预算内资金	万元	
省级资金投入	**省级实际到位资金小计**	万元	
	其中:本级财政	万元	
	省本级一般债券	万元	
	燃油税	万元	
	银行贷款	万元	
	其它	万元	
市级资金投入	**市级实际到位资金小计**	万元	
	其中:本级财政	万元	
	省级转贷一般债券	万元	
	燃油税(替代“拖养费”部分)	万元	
	其它	万元	

续上表

指标		单位	金额
县级资金投入	**县级实际到位资金小计**	万元	
	其中:本级财政	万元	
	省级转贷一般债券	万元	
	燃油税(替代“拖养费”部分)	万元	
	银行贷款	万元	
	社会捐助、投工投劳、土地、青苗和林木折算资金	万元	
	统筹整合其它行业的涉农资金	万元	
	其它	万元	
省、市、县三级实际到位资金占全部实际到位资金比例		%	
农村公路年度建设资金结余		万元	
其中:车购税资金结余		万元	
被整合投入其它行业基础设施建设的车购税资金		万元	

说明:1. 本表由省、市、县三级交通运输主管部门分别填写本辖区 2016 年农村公路新改建资金来源到位情况。

2. 实地督导考评县级交通运输主管部门同时填写被随机抽取的建设项目的资金来源情况,并附项目概况,主要内容包括项目规划情况(如项目坐落、计划里程、补助标准、设计路基路面宽度、安防工程计划设置情况、排水等附属设施设计情况、路基路面结构类型等)和项目实际建设情况(项目招投标情况、实际修建里程、路基路面宽度、安防工程设置情况、排水等附属设施情况、路基路面结构类型、建设质量验收情况、内业资料整理情况等)。

3. 被整合投入其它行业基础设施建设的车购税资金:是指我部 2016 年计划用于农村公路建设的中央车购税资金中,被地方政府统筹整合使用到其它行业的金额。

附件 3

2016 年农村公路养护资金情况表

填报单位（项目）：

指标		单位	合计	小修保养	中修	大修
农村公路年度养护管理资金投入数额		万元				
中央资金投入	**中央投入资金小计**	万元				
	其中：车购税	万元				
	中央预算内资金	万元				
省级资金投入	**省级投入资金小计**	万元				
	其中：本级财政	万元				
	省本级一般债券	万元				
	燃油税（“7351”补助部分）	万元				
	银行贷款	万元				
	其它	万元				
市级资金投入	**市级投入资金小计**	万元				
	其中：本级财政	万元				
	省级转贷一般债券	万元				
	燃油税（替代“拖养费”部分）	万元				
	银行贷款	万元				
	其它	万元				

续上表

指标		单位	合计	小修保养	中修	大修
县级资金投入	**县级投入资金小计**	万元				
	其中:本级财政	万元				
	省级转贷一般债券	万元				
	燃油税(替代“拖养费”部分)	万元				
	银行贷款	万元				
	社会捐助、投工投劳、土地、青苗和林木折算资金	万元				
	统筹整合其它行业的涉农资金	万元				
	其它	万元				

说明:1. 本表数据不含改建。

2. 本表数据要与《2015 年公路养护统计年报》相关统计数据相对应。不对应的另行说明。

3. 其他应简要说明情况。

附件4

××县交通运输局及所属机构调查提纲

××县交通运输局核定行政编制××名，实有行政编制××名，内设机构××个，分别为××。共有所属单位××个，其中事业单位××个，企业单位××个。

××县农村公路管理体制简介，县级农村公路管理机构是否单设，如不是单设，简要介绍承担此职能单位和人员情况。如果单设，简要介绍××县农村公路管理所具体情况，包括：机构规格、经费类型、2016年人员经费和基本支出金额以及具体资金来源、核定编制数、实有编制数、主要职能等。

乡镇农村公路管理机构设置情况。本县有农村公路的乡镇××个，设有农村公路管理机构××个，其中专设××个，兼职××个，隶属关系（县局管理或乡镇管理），人员情况（专兼职、技术力量），经费来源，履职情况等。